bannie, & où les voies du grand principe, qui paroissent maintenant si embrouillées & si inexplicables à ceux qui, n'ayant pas profité de la lumiere de la science, n'en connoissent qu'une très-petite partie, seront mises enfin dans une pleine évidence, & paroîtront dignes d'un principe infiniment bon, juste & sage.

Les observateurs veulent-ils encore ranger la connoissance de l'état où la science doit nous faire parvenir, parmi les connoissances probables & même douteuses ? Il sera toujours raisonnable, dans cette incertitude même, à ceux qui n'ont aucune notion du principe universel des sciences, d'agir comme si l'affirmative l'emportoit. Car c'est manifestement le parti le plus sûr pour les ignorants, c'est-à-dire, celui où il y a le moins à risquer & à perdre, & le plus à gagner à tout événement. Ainsi, quoi qu'il en puisse être, & dans le cas même le moins favorable aux loix de justice, un homme sage n'hésitera point entre le parti d'observer ces loix & celui de les violer.

Rien n'est plus digne, il est vrai, d'un être raisonnable, que de chercher en tout l'évidence, & de ne se déterminer que sur des principes clairs & certains. Mais comme tous les sujets n'en sont pas susceptibles, & qu'il faut pourtant se déterminer, où en seroit-on, s'il falloit toujours attendre pour cela une démonstration rigoureuse? Au défaut du plus haut degré de certitude, on s'arrête à celui qui est au-dessous ; & une grande vraisemblance devient une raison suffisante d'agir, quand il n'y en a point d'aussi grandes à lui opposer. Si ce parti n'est pas en lui-même évidem-

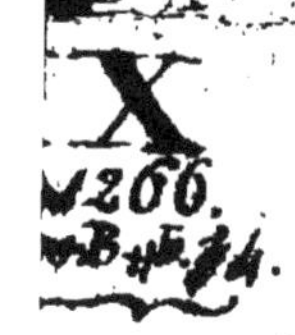

LE QUADRILLE DES ENFANS.

LE QUADRILLE
DES ENFANS,
OU
SYSTÊME NOUVEAU
DE LECTURE,

Avec lequel tout enfant de quatre à cinq ans, peut, par le moyen de quatre-vingt-huit figures, être mis en état de lire sans faute, à l'ouverture de toutes sortes de livres, en trois ou quatre mois, et même beaucoup plutôt, selon les dispositions de l'enfant.

AVEC DES FIGURES EN TAILLE-DOUCE.

QUATORZIÈME ÉDITION.

AVIGNON,

JEAN-ALBERT JOLY, IMPRIMEUR-LIBRAIRE.

1817.

INSTRUCTION

Sur la façon de se servir des Fiches et du Livre du QUADRILLE DES ENFANS.

1°. ON commencera par choisir les vingt fiches de la première planche, pour les mettre dans une petite boite séparée, qui restera entre les mains de l'enfant, et les autres fiches de couleur différente, seront renfermées jusqu'au temps où on indiquera qu'il faudra s'en servir.

2°. On apprendra à l'enfant à connoître les objets qui sont collés sur les fiches, dont le nom de chacun se trouve énoncé dans ce livre, aux pages 21, 23, 25 et 51. On ne lui parlera point des lettres qui sont au revers, mais seulement des figures, en s'y prenant de la sorte. Par exemple, supposé qu'on lui montre la fiche qui représente un *bec* d'oiseau, au lieu de lui dire un bec d'oiseau (ce qui paroît très-naturel) on se contentera seulement de lui dire un *bec*. Si pareillement on lui représente la figure de la *lune*, on lui fera articuler, sans aucune autre explication, la *lune*: ainsi des autres fiches qu'on peut lui faire connoître dans l'ordre que l'on voudra, c'est-à-dire, en commençant indifféremment par les unes ou par les autres, observant toujours que ce n'est pas ici le moment de se répandre dans de grandes digressions.

3°. A mesure que l'enfant en connoîtra quelques-unes, on aura grand soin de les lui donner, en lui disant qu'il les a gagnées; de même qu'on aura attention de garder celles dont il ne se souviendra pas, afin de piquer son émulation en lui faisant désirer de les gagner; et à mesure qu'il en saura, on les lui laissera en sa possession, et même toutes, s'il les gagne, afin qu'il puisse lui-même les répéter par forme d'amusement, et assez de fois pendant quelques jours, pour se rendre tous ces objets familiers.

4°. S'il arrivoit par hasard que l'enfant eût de la peine à articuler quelques noms de ces figures, faute d'avoir la prononciation libre, comme cela peut arriver dans un âge tendre, il ne faudroit pas manquer de les lui faire couper par syllabes, en lui faisant dire *de la sa-la-de*, *la lu-ne*, etc. et par ce moyen on parviendroit en peu de temps à rectifier le défaut de ses organes, avant que de lui faire prononcer le mot de suite, comme *de la salade*, *la lune*, etc.

5°. En supposant maintenant que l'enfant a beaucoup répété ses fiches, on les lui ôte pour lui faire prendre le livre, et à la page 21, où est la planche de la *lune*, on lui fait faire un petit essai de jugement et de mémoire tout ensemble, en s'y prenant de la sorte. D'abord on lui fera voir la première ligne de la planche où sont les figures de la *lune*, d'un *lit*, de la *salade*, d'un *bossu* et d'une *femme;* et lorsqu'on les lui aura fait répéter dans le livre cinq à six fois de suite, et dans le même ordre qu'elles y sont placées, on fermera le livre et on exigera que l'enfant les dise par cœur dans l'ordre du livre et sans y rien changer. Pour que cette répétition lui coûte moins de peine, on lui laissera le temps de réfléchir, afin qu'il puisse se les représenter à l'imagination, comme nous ferions nous-mêmes, s'il étoit question de rendre compte par ordre d'une douzaine de figures que nous aurions vues dans un tableau qui ne seroit resté exposé à notre vue qu'un seul instant. Alors aurions-nous recours à notre mémoire ? non ; mais à notre imagination, où seroient restés gravés l'ordre et la forme de ces différens objets. Lorsque l'enfant saura les cinq premières figures, on passera à la ligne suivante, en se conduisant comme on a fait pour la première, que l'on aura soin de lui faire répéter, malgré l'étude de la seconde. Enfin, on ira de la seconde à la troisième, et finalement de la troisième à la quatrième, toujours avec ménagement et sans trop de précipitation, de peur que ses idées ne viennent à se confondre ; ce qui ne manqueroit pas d'arriver, si on ne donnoit pas le temps à l'enfant d'affermir ses idées.

6°. Cela fait, on passera aux lettres et aux sons ou syllabes, qui sont de l'autre côté de la page, lesquelles commencent par *une*, *i*, *ad*, *u*, *emme*, etc. et répondent aux figures, et pour lors on fera faire à l'enfant une petite opération qui paroîtra des plus singulières, mais dans laquelle pourtant il faudra se donner de garde de jamais rien changer; la voici.

En lui montrant *une*, on lui fera dire la *lune;* en lui faisant voir *i*, on lui fera appeler cette lettre *un lit;* *a* se nommera *des bas;* la lettre *u*, *un bossu*, et finalement *emme*, *une femme.* De sorte qu'il paroît absurde que l'on soit obligé de tromper ainsi l'enfant: n'importe; que l'on soit toujours exact à suivre ce qui est prescrit ici, et l'on en verra bientôt l'utilité (1).

7°. En supposant que l'enfant est en état de nommer toutes les figures de la première planche à l'inspection seule des lettres, sons ou syllabes qui y ont rapport, on entreprendra de lui en faire retenir le son de l'écho. Par exemple, on lui fera dire la *lune une*, un *lit i*, de la *salade ad*, un *bossu u*, une *femme emme*, etc. Quand il sera familier avec les sons, on lui fera dire tout bas le mot *lune*, et tout haut *une*, un *lit*, tout bas, et *i* tout haut, et ainsi de même tout le reste de la page, jusqu'à se qu'il soit en état de les nommer promptement de suite, à rebours, de haut en bas et en tout sens; ce qui demande des répétitions de plusieurs jours. Si dans l'intervalle de cet exercice, il arrivoit par hasard que l'enfant hésitât sur quelques lettres, quelques sons ou syllabes, on se gardera bien de jamais lui nommer les lettres qui entrent dans la composition de ces sylla-

---

(1) Il y a à la quatrième ligne de la première planche, une lettre que l'on nomme vulgairement *é*, et que nous appelons *e*. Elle exige une attention particulière par rapport à sa difficulté. Ainsi en montrant à l'enfant la figure *de la roue*, on prendra garde qu'il ne dise pas, comme dans les autres mots, une *roue oue*, mais bien *une rou-e*, de sorte que cette lettre n'a que la valeur d'un son muet, comme dans les mots *prin-ce*, *mou-che*, etc.

bes, quand même on les nommeroit selon notre dénomination, et à plus forte raison si on le faisoit en se servant des noms ordinaires de l'ancien alphabet; mais on le rappelera tout simplement à la figure qui y aura rapport, en lui disant tout uniment : *pensez à la figure*, et pour cela on lui laissera toujours le temps de la réflexion ; car un des grands avantages de cette méthode est d'en donner beaucoup sans contraindre l'enfant. On ne dit rien du ridicule de l'ancienne dénomination des lettres, que l'on ne sauroit plus supporter, dès qu'on a une fois connoissance de la nouvelle, qui se rapproche autant de la raison que l'autre s'en écarte. C'est pourquoi il faut éviter très-soigneusement de ne jamais mêler les deux dénominations ensemble, sans quoi il n'y a point de progrès assurés.

8°. On répète encore ce qu'on a déjà recommandé plusieurs fois : savoir ; de ne point faire passer un enfant d'un objet à un autre, c'est-à-dire, d'une leçon à une autre, à moins que l'écolier ne possède parfaitement les précédentes, et que l'on ne puisse dire qu'il se joue en la répétant.

9°. On ne passera donc point aux figures de la seconde planche, que l'enfant ne sache reconnoître, au premier coup-d'œil, les lettres ou sons qui répondent aux figures de cette première planche ; et pour être bien sûr qu'il n'en ignore point, on prendra toutes les fiches qui y répondent, afin de les lui présenter l'une après l'autre du côté des caractères. Peut-être aura-t-il d'abord un peu de peine à ne s'y pas tromper ; mais en s'y prenant bien, on veut dire, en ne lui en montrant que quatre à cinq à la fois, on doit être assuré qu'il ne lui faudra pas plus d'une ou deux leçons, pour vaincre toutes difficultés à cet égard. Pour lors on sera le maître d'entreprendre la seconde planche, en faisant exactement pour celle-ci tout ce qu'on aura fait pour la première.

10°. Tandis qu'on passera quelques leçons à la répétition des quarante fiches, on l'occupera en même temps à apprendre la troisième planche des figures, qui commence par une *cave*, une *porte*, etc. et toujours en suivant

suivant le même ordre que l'on aura observé dans l'étendue des précédentes : cependant en faisant dire à l'enfant, non pas une *cave ave*, une *porte orte*, comme on a fait dans les deux premières planches, mais au contraire, la dernière syllabe entière, comme une ca-*ve*, une por-*te*, une bou-*le*, etc. c'est-à-dire, que l'enfant dira tout bas *une ca*, et *ve* tout haut, *une por* tout bas, et *te* tout haut : ainsi des autres.

11°. En supposant qu'à force de répétition en tout sens, c'est-à-dire, en conduisant l'enfant de haut en bas, de droite à gauche, et de gauche à droite, tant sur les consonnes que sur les voyelles et sons composés, qui se trouvent depuis le commencement du livre jusqu'à la page 27, où est la table des syllabes, l'enfant prononce sur le champ et sans hésiter tout ce qu'on lui demandera indistinctement sur les trois planches, alors on entreprendra la table des syllabes, commençant par *chune*, *chi*, *cha*, etc. et pour y bien réussir, on s'y prendra de la sorte. D'abord, on cachera à l'enfant le *ch* avec le bout d'une fiche, pour qu'il ne puisse plus voir que *une*; on en fera de même pour *i*, *a*, etc. lorsqu'on sera sûr que l'enfant reconnoît parfaitement tous les sons et toutes les lettres du premier article de cette table, alors on essaiera de les lui faire encore répéter sans les cacher avec la fiche, après quoi on le fera syllaber, en observant de point en point tout ce qu'on vient de dire. On appaisera la voix en prononçant la syllabe sur le *ch*, sur-tout avant que de la joindre au son suivant, de telle sorte que la voix fasse l'effet de l'espace qui est entre ces deux lignes *ch-chune*, que l'on voit diminuer petit-à-petit; ainsi le son initial *ch* sera d'abord rendu d'une façon assez forte, et à mesure qu'on le joindra à la voyelle nasale *une*, il sera affoibli, c'est-à-dire, adouci. Après ce premier article, on passera au second qui commence par la consonne *v*, et de celui-là on ira aux autres, toujours avec prudence et ménagement.

12°. Après que l'enfant aura parcouru la table des syllabes un nombre de fois suffisant pour qu'il puisse la lire, tantôt dans un endroit, tantôt dans un autre, alors on lui fera remarquer à la page 36 les doubles consonnes, pour lui recommander de ne les prononcer que comme si elles étoient simples, et de là on passera tout de suite au changement de la première lettre qui coûtera un peu d'application. On ira de suite jusqu'à la pièce de lecture, qui se trouve à la page 39, que l'on ne fera point commencer que l'enfant ne soit en état de répéter de suite au premier coup-d'œil tout ce qui lui a servi de leçon précédemment. De cette pièce de lecture on passera à la seconde, qui ne diffère de la première qu'en ce que les mots ne sont point coupés par syllabes, et les lettres, sons et syllabes que l'on trouvera à la fin de chaque page, ne seront point oubliés.

13°. Si l'enfant, dans la dernière pièce de lecture où les mots sont de suite, c'est-à-dire, sans être séparés les uns des autres, se trouvoit quelquefois arrêté dans sa lecture, faute de savoir comment diviser ces mots par syllabes, il faudroit l'aider avec une fiche, en ne laissant d'abord voir qu'une syllabe à la fois, et sur-tout lorsqu'on lui fera lire de nouveau; après quoi on peut le lâcher tout seul à la troisième lecture de la même chose.

14°. L'enfant ayant lu et relu plusieurs fois la pièce de lecture dont nous venons de parler, il se trouve à la quatrième et dernière planche, qui se trouve à la page 51, sur laquelle on le conduira comme sur les précédentes, en observant néanmoins de consulter, pour les sons, l'explication des figures qui est dans le livre.

A la page 56, on trouve plusieurs caractères différens exprimant le même son, à peu de chose près, comme *ai*, *est*, etc. Si l'enfant paroît surpris de voir la voyelle nasale *im* à côté d'*in*, on lui dit que c'est la même chose; et pour lui donner la facilité de le concevoir, on cache avec une fiche le troisième jambage ou le surplus de ce qui se trouve dans son radical. Par exemple, dans *eur* et *œur*, on cachera la lettre o, pour ne laisser paroître que *eur*, etc. S'il se trouve à la fin des mots certaines lettres qui ne doivent pas se prononcer, comme la lettre *t* dans le mot *prudent*, on se contente de dire à l'enfant qu'elles ne se comptent pas, et que l'on ne doit presque jamais y faire attention. A la page 58, on trouvera des consonnes composées ou dérivées des simples; on les fera connoître par détail à l'enfant, et ensuite on lui apprendra à les nommer d'une seule voix, en lui faisant parcourir les deux ordres plusieurs fois, ainsi que les sons et syllabes qu'il faut qu'il dise aussi d'une seule voix. On passera de là à la table des syllabes qui suit.

15°. A l'égard de tout ce qui peut faire l'objet de quelques leçons, je veux dire, de tout ce que l'on rencontre jusqu'à la page 71, on ne prescrit ici que ce que la prudence et l'expérience que l'on aura acquise par l'usage, peuvent suggérer; par conséquent on jugera du besoin de la répétition des mêmes choses par l'habileté de l'enfant.

16°. La pièce de lecture qui est à la page 74 est difficile et ennuyeuse; mais aussi elle donne à ceux qui ont la constance de la suivre, une supériorité sans égale pour toute sorte de lecture. Les uns la suivent, et les autres la laissent de côté. Mais on peut assurer, d'après l'expérience, qu'il est très-utile de la lire toute entière et même plusieurs fois.

17°. A la page 88, on trouvera du caractère italique, sur lequel il faudra d'autant plus exercer l'enfant, qu'il lui procurera la facilité de lire plus promptement dans l'écriture. On ne parle point des différentes choses qui se rencontrent jusqu'à la première lecture suivie, c'est-à-dire, jusqu'au conte; le maître doit sentir qu'elles ne sont pas faites pour être négligées. D'ailleurs, il pourra consulter les différens avertissemens qui sont dans le livre.

18°. On observera de ne point faire passer les enfans à la lecture du latin, qu'ils ne lisent parfaitement dans le françois. D'ailleurs, c'est une espèce de lecture qui ne coûtera jamais plus de quinze jours d'application : ainsi, pourquoi la suivre de trop bonne heure, dès qu'on est sûr de nuire aux progrès de l'élève ?

DISCOURS PRÉLIMINAIRE.

Ce n'est point un ouvrage nouveau qu'on donne aujourd'hui au public. Ce système de lecture parut pour la première fois en 1744, avec un succès prodigieux ; il s'en fit trois éditions en moins de trois ans. Pour se former une idée de son utilité, il suffit de jeter les yeux sur le tome XXXII, lettres 469, des observations sur les écrits modernes, par M. l'abbé Desfontaines. Voici comment s'exprime ce fameux critique, à qui il étoit si difficile d'en imposer en matière de science et de littérature.

» Je vous ai parlé dans ma lettre 461, d'une méthode de M. Berthaud pour apprendre à lire. Quoique je ne désapprouvasse point alors l'idée de l'auteur, je vous avouerai que j'avois bien de la peine à me persuader que le succès fût aussi rapide qu'il l'assure dans sa lettre...... Je ne dissimulerai point que je conservois encore à cet égard quelque sorte d'incrédulité. J'ai donc voulu m'en convaincre par moi-même, et j'ai déterminé M. Berthaud à faire une nouvelle épreuve sur un enfant que je lui ai fait présenter. Je vous assure que j'ai choisi le plus inepte que j'ai pu rencontrer ; mais je ne saurois vous exprimer la surprise et en même temps le plaisir que j'ai ressenti, lorsqu'au bout de vingt-six jours, à compter depuis celui que je le lui avois envoyé, il me l'a amené pour être témoin et juge des progrès qu'il avoit faits. Ils m'ont paru si étonnans, et tellement au-dessus de ce que j'attendois, que je crois qu'il est de l'intérêt de la littérature de rendre ici un témoignage authentique à la justesse et à la facilité de la nouvelle méthode, que j'appellerois volontiers la *pierre philosophale*, tant je sens aujourd'hui que cette nouvelle découverte est avantageuse au public..... Non content de le (l'enfant)

» voir lire à l'ouverture d'un livre que j'avois sur ma » table, j'ai voulu encore examiner moi-même si ces » figures avoient réellement servi à graver dans sa » mémoire les différens sons de la langue..... Pour le » bien connoître, j'ai retourné toutes les fiches (1), et » n'ai laissé paroître que les syllabes. J'ai vu en effet » qu'à la seule inspection de chaque syllabe, il ne man- » quoit pas, aussitôt après l'avoir nommée, de me » dire ce que représentoit la figure qui étoit cachée » derrière, et même de me faire sentir qu'il n'y avoit » que le ressouvenir de la figure qui le conduisit à la » connoissance du son qui y a rapport. Ce petit » exercice enfin m'a causé presqu'autant de plaisir et » d'étonnement que le premier; et de plusieurs per- » sonnes qui se sont trouvées chez moi, il n'y a eu » que l'auteur qui n'en a pas été surpris; car, etc.... je » trouve, dit-il plus bas, l'invention de M. Berthaud; » de quelque côté que je la considère, la chose la plus » avantageuse que nous puissions jamais souhaiter pour » l'éducation de la jeunesse, et même pour le progrès » des sciences «.

A un suffrage d'un si grand poids, nous pourrions joindre ceux de plusieurs personnes de distinction, dont les enfans ont appris à lire en un mois par cette méthode, et qui en ont délivré des certificats à l'auteur (2); mais nous nous contenterons de citer encore l'épreuve que l'auteur fit de sa méthode sur deux ramoneurs, que plusieurs des messieurs de l'acadé-

---

(1) Ce systême de lecture n'avoit d'abord paru que sous la forme de fiches, comme on le verra ci-après, et c'est ce qui avoit déterminé l'auteur à lui donner le nom de *Quadrille des enfans*.

(2) Celui de M. le maréchal de Coigny est à la fin de l'ouvrage, avec les noms de quelques enfans qui ont appris à lire par cette méthode. On observera encore que, depuis que la pension du sieur Berthaud existe, tous les enfans, soit françois, soit étrangers, qui sont entrés chez lui, ne sachant pas lire, ont été montrés toujours avec succès par cette méthode.

mie françoise, et notamment MM. de Marivaux et de Crébillon, alors censeur royal et de la police, voulurent bien choisir eux-mêmes, pour rendre plus authentique la preuve du succès. » Au bout du mois, » dit l'auteur en rapportant ce fait (1), à compter du » jour qu'ils m'ont été envoyés, ils se sont trouvés en » état de paroître devant ces messieurs pour y lire à » l'ouverture du premier livre qui est tombé sous la » main, moyennant deux leçons par jour, qui leur ont » coûté si peu de temps, qu'ils ont vaqué dans la » journée à leurs exercices ordinaires. C'est donc après » la plus forte conviction de la bonté de ce que je pro- » pose aujourd'hui, que messieurs les académiciens ont » bien voulu me permettre de les présenter au public » comme témoins oculaires d'un fait qui les a étonnés, » et dont j'ai leur certificat «.

Il nous reste à développer l'esprit et le plan de cette méthode. Pour cela, nous ne pouvons rien faire de mieux que de présenter les réflexions de l'auteur dans la lettre déjà citée.

Outre que les élémens de la lecture, dit-il, ont par eux-mêmes quelque chose de rebutant et d'épineux pour les enfans, il est certain que les défauts qui sont les suites naturelles de l'enfance, contribuent encore beaucoup à augmenter la difficulté que les maîtres en ce genre ont coutume d'éprouver. Légéreté d'esprit, dégoût, confusion d'idées, voilà les principaux obstacles contre lesquels il faut qu'ils luttent perpétuellement, et dont ils ne triomphent qu'avec bien de la peine.

Essayer de fixer la légéreté si naturelle aux enfans, en exigeant d'eux une application fréquente à des lettres, des combinaisons de lettres, des mots et des sons, c'est assez souvent vouloir forcer la nature;

(1) Dans sa lettre à Mlle de Brissac, sur le nouveau *Quadrille*, imprimé en 1743, où l'auteur avoit inséré le certificat le plus flatteur que ces deux académiciens lui avoient donné en forme d'approbation.

c'est au moins presque toujours vouloir donner avant le temps à la jeunesse une perfection, qui, pour l'ordinaire, n'est que le fruit des années.

Doit-on s'étonner après cela de voir ces premiers commencemens suivis d'un ennui et d'un dégoût qui leur rendent ces premiers élémens odieux, et leur inspirent une aversion pour les livres, qui malheureusement se perpétue quelquefois, et se fortifie d'autant plus aisément, qu'il a pris ses racines dans un âge susceptible de toutes sortes d'impressions?

Et quand même d'heureuses dispositions, qu'il est très-rare de rencontrer, épargneroient à un maître éclairé le soin de prévenir ces dangers, la confusion d'idées en est un qui mérite lui seul toute son attention. Un esprit que l'on n'accoutume pas de bonne heure à mettre de l'ordre dans ses pensées, acquiert bien difficilement par la suite cette netteté et cette précision qui sont si nécessaires pour la justesse du raisonnement: qualités au contraire qu'on acquiert sans peine, quand on s'est familiarisé avec celles de ses plus tendres années. Or, le cerveau étant dans les enfans d'une consistance molle et délicate, si les images des objets qu'on leur présente s'y gravent aisément, souvent aussi elles s'y effacent de même, ou en tout, ou en partie: et de là vient que, si l'on multiplie trop les objets, et si l'on ne repasse pas incessamment sur les premières traces, ces objets se confondent et se brouillent tellement dans leur esprit, qu'après bien du temps et du travail, on est obligé de revenir snr ses pas, et de recommencer au moment où l'on devroit finir.

Ces considérations m'ont porté à chercher un moyen pour parer à tous ces inconvéniens. J'avois remarqué que les figures dont on a rempli certains livres d'histoire, contribuoient beaucoup à faciliter à la jeunesse l'étude de cette science. Ne seroit-il pas possible, me suis-je dit à moi-même, de peindre les différens sons de la langue comme l'on peint différens traits d'histoire? Cette idée m'ayant plu d'abord, je l'ai suivie, et l'expérience que j'ai acquise sur le génie des enfans, n'a pas peu

peu servi à la perfectionner. J'ai compris bientôt la nécessité qu'il y avoit d'avoir une connoissance détaillée de tous les sons de la langue, soit qu'ils soient exprimés par une ou plusieurs lettres; en un mot, de tous les sons différens qui répondent aux lettres et syllabes. Je me suis donc livré à cette recherche, et après un examen méthodique et réfléchi, je me suis convaincu que le nombre en est moindre que je ne me l'étois d'abord figuré. Or, ces sons ont cela de commode, que dès qu'un enfant les possède, rien ne l'arrête dans la lecture, pas même les mots bizarres qu'on voudroit imaginer à plaisir; de sorte que l'on peut dire qu'ils sont comme la clef de toute la lecture, parce qu'ils entrent dans la composition de tous les autres sons de la langue.

Cette difficulté n'étoit pas petite; car il s'agissoit de démêler parmi une infinité de sons différens ceux qui sont fondamentaux et comme les racines des autres; mais enfin le travail et l'expérience m'ayant fait surmonter cette difficulté, il n'étoit plus question que de trouver un moyen sûr et aisé de graver tous ces sons dans la mémoire des enfans d'une manière nette et distincte. C'est ce que j'ai heureusement exécuté par le moyen de quatre-vingt-huit images, où j'ai fait choix d'objets connus et familiers aux enfans. Ces images sensibles, en frappant leur vue, les occupent, fixent leur imagination volage, les appliquent sans peine, et sans qu'ils s'en aperçoivent eux-mêmes: et en même temps les sons qui répondent à ces figures, s'impriment nettement et distinctement dans leur mémoire, sans qu'il leur en coûte; de sorte qu'il arrive, par un effet assez singulier, que leur penchant naturel pour la dissipation et pour les amusemens, les porte et les accoutume à une application sérieuse et à une étude utile. De-là naît un autre avantage: c'est ce que les enfans apprennent aisément par ce moyen l'orthographe, parce que les sons et les lettres qui les expriment, se gravent en même temps dans leur mémoire, comme dans autant de cases ou de petites cellules.

L'auteur, dans les commencemens, pour l'exécution de son système de lecture, n'avoit fait usage que de fiches de différentes couleurs, sur lesquelles étoient collés d'un côté la figure, et de l'autre le son qui y a rapport; mais dans la suite, voulant rendre son système utile, et même aux personnes les moins aisées, il le publia sous la forme d'un livre d'un prix médiocre, qui développât les principes de sa méthode, et qui suppléât en quelque sorte aux fiches que bien des gens ne sont pas en état d'acheter. Je dis *en quelque sorte;* car, comme l'observe l'auteur lui-même dans l'avertissement de l'édition de 1748, en publiant son livre élémentaire, il n'a pas prétendu supprimer l'usage des fiches, qui sont aussi instructives entre les mains d'un maître, plus amusantes et plus commodes que les planches qui sont dans ce livre. Au contraire, il exhorte très-fort ceux qui voudront faire instruire leurs enfans selon sa méthode, à acheter, s'ils peuvent faire cette petite dépense, et les fiches et le livre. Le livre est plus pour le maître, les fiches plus pour l'enfant; elles deviennent entre ses mains des joujous instructifs, qui l'attachent plus que des images immobiles et fixes dans un livre: il les range selon leur couleur dont la variété l'amuse; il assigne à chacune sa place; il l'appelle par son nom. Le loup, le chien, le mouton deviennent ses camarades de jeu; il converse avec eux, tous ces personnages lui répondent à leur tour; ils l'instruisent sans qu'il s'en doute, et sa légéreté n'est point effarouchée par la gravité de ces petits docteurs. Car, pour parler naturellement, la méthode des fiches a cela de particulier, que par son moyen, l'enfant peut repasser lui-même, en l'absence du maître, et sans le secours de personne, la leçon qu'on lui aura faite. En effet, si en parcourant les fiches qu'on lui aura données, il ne se ressouvient plus des sons qu'on lui aura appris, les figures qui sont de l'autre côté suffirontp our lui en rappeller le souvenir.

On doit, avant de finir, faire au public quelques excuses d'avoir tant différé la réimpression d'un livre qu'il désiroit depuis si long-temps. L'auteur, depuis plusieurs années, par des circonstances auxquelles il n'avoit pas été le maître de résister, avoit été obligé d'ouvrir sa maison à des jeunes gens, qui désiroient de se former tant pour le génie que pour l'artillerie. Les progrès étonnans (1) que firent ses élèves dans les sciences nécessaires pour être reçus dans ce corps, attirèrent chez lui une si grande quantité de jeunes gens; que sa pension n'a été regardée, pendant quelque temps, que comme une école de mathématiques, exclusivement à toute autre partie. Le sieur Berthaud, peu curieux d'une réputation exclusive, et jaloux de mériter la confiance du public dans toutes les parties qui constituent l'éducation d'un jeune homme bien né, se hâta d'annoncer que sa maison étoit divisée en deux parties, qui n'avoient absolument rien de commun entr'elles: que dans l'une on étudioit seulement les mathématiques et le dessin; et que dans l'autre on étudioit toutes les sciences qui entrent dans une éducation complète, telles que le françois, le latin, les belles-lettres, l'histoire, la géographie, l'écriture, la danse, l'escrime, etc. qu'enfin toutes ces sciences étoient cultivées chez lui avec le plus grand succès, sur-tout depuis qu'il avoit associé son gendre à ses travaux. Dès que le sieur Berthaud se fut ainsi annoncé dans le public, plusieurs personnes de distinction, revenues de l'erreur où elles étoient qu'il ne recevoit plus d'élèves d'un âge tendre, connoissant d'ailleurs ses talens pour l'éducation de la jeunesse, se hâtèrent de lui confier leurs jeunes enfans: c'est alors que le sieur Berthaud, moins surchargé par le nombre de ses grands élèves mathématiciens, s'occupa sérieusement à donner pour l'instruction de ses petits élèves, comme il l'avoit annoncé dans son prospectus, une nouvelle édition de sa méthode, à laquelle ses

(1) En moins de neuf ans, la pension du sieur Berthaud a formé plus de 250 élèves aux écoles du génie et de l'artillerie. Au dernier examen du génie, sur onze places qu'il y avoit à remplir, huit ont été adjugées aux élèves du sieur Berthaud.

nombreuses et continuelles occupations ne lui avoient pas permis jusqu'alors de travailler. Il fit plusieurs changemens, la rendit plus aisée, plus intéressante pour les enfans ; et il étoit prêt à y mettre la dernière main, lorsque la mort termina son utile et pénible carrière. Sa famille a rassemblé et mis en ordre les matériaux qu'il avoit amassés ; et profitant des lumières qu'elle avoit reçues de lui à cet égard, elle remplit aujourd'hui les engagemens qu'il avoit contractés avec le public.

Pl. 1.

LE QUADRILLE

DES ENFANS.

EXPLICATION DES FIGURES DE LA PREMIÈRE PLANCHE.

La lune . . . . une	*une pipe* . . . . ip	*une carafe*. . af	*un dez* . . . . é
un lit i	*une chaise* . . aise	*une cage* . age	*une roue* . . . e
des bas . . . . . a	*le soleil* . . . . eil	*un verre* . . . er	*un balai*. . . aî
un bossu. . . . . u	*un serpent* . . . en	*une glace* . ace	*une fleur*. . eur
une femme. emme	*un fauteuil* . . euil	*des os*. . . . . o	*des raves* . . av

Sons finals qui répondent aux figures de la première Planche.

une	i	a	u	emme
ip	aise	eil	en	euil
af	age	er	ace	o
é	e	ai	eur	av.

Première répétition des sons précédens.

i	u	ip	ei	euil
age	ace	é	ai	av
une	a	emme	aise	en
af	er	o	e	eur.

Seconde répétition.

av	eur	ai	e	é
o	ace	u	age	af
euil	en	eil	aise	ip
emme	a	er	i	une.

Troisième répétition.

e	af	ip	une	e
age	aise	i	ai	er
eil	a	eur	ace	en
u	av	o	euil	emme.

Pl. II.

EXPLICATION DES FIGURES DE LA SECONDE PLANCHE.

Un raisin . . in	*un poing*. . . oin	*un mouton* . . . on	*une bague*. . ag
une robe . . . ob	*des yeux*. . . yeu	*une abbesse*. . . es	*un bec*. . . . ec
de la salade. . ad	*un loup* . . . ou	*une chienne* . enne	*un étui* . . . ui
de la dentelle. el	*un ruban*. . . an	*des cheveux* . . eu	*un chien* . . ien
des noix . . . oi	*un fouet* . . ouet	*une fourchette*. ette	*un* . . . . . un

Sons finals qui répondent aux figures de la seconde Planche.

in ob ad el oi
oin yeu ou an ouet
on es enne eu ette
ag ec ui ien un.

Première répétition des sons précédens.

ag ui un ec ien es eu on enne ette oin ou ouet yeu an ob el in ad oi.

Seconde répétition.

ien ette an oi ec enne yeu ad un on ouet in ui en ou el ag es oin ob.

Troisième répétition.

es ui oin eu un ob ou on ec el
ouet enne ien in yeu ette ad an oi ag.

Sons des premières et secondes Planches mêlés ensemble.

Première répétition.

un in i ob a ad u el emme oi
ip oin aise en ai on yeu an e ouet
af ou age es er enne ace eu o ette
é ag euil ec ai ui eur ien av une.

Seconde répétition.

é af ip une ag on oin in es age
aise i ec e en ob ai er eil a
ui enne ou ad eur ace yeu u ien eu
an euil av o el emme un ette ouet oi.

EXPLICATION

Pl. III.

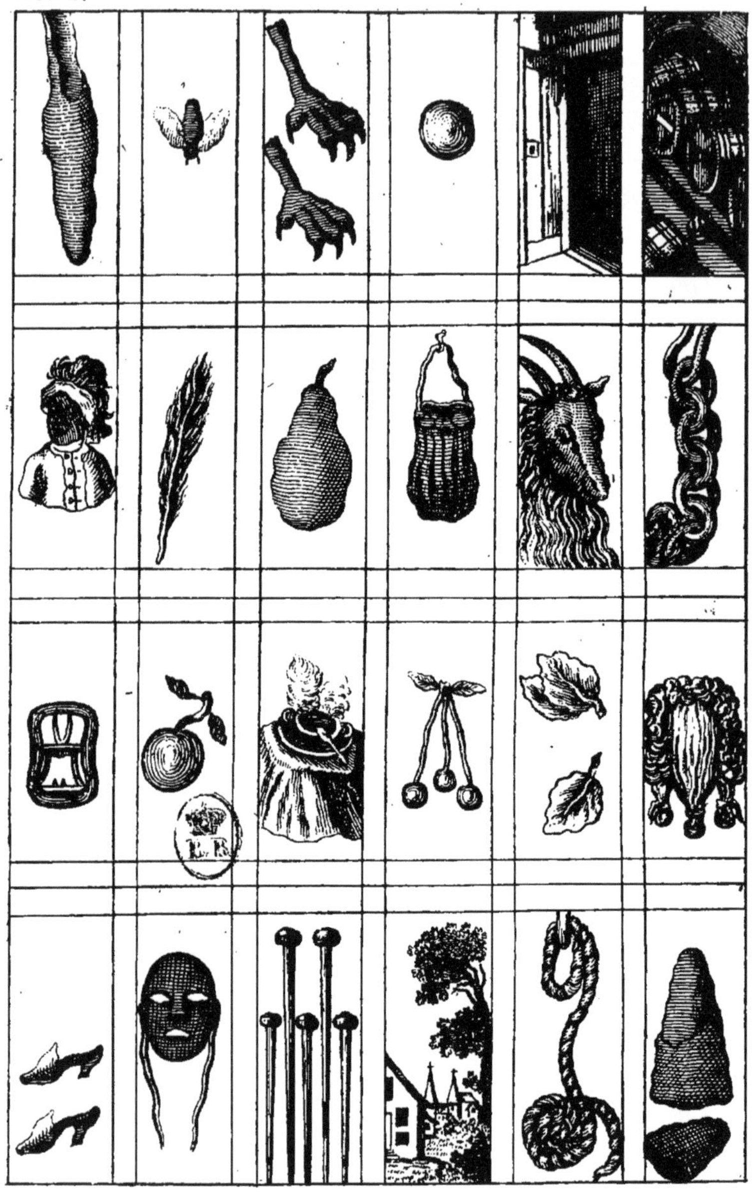

EXPLICATION DES FIGURES DE LA TROISIÈME PLANCHE.

Une cave . . . v	*une chaîne* . . n	*une perruque* . qu	*du sucre* . . . . . cr
une porte . . . t	*une barbe* . . b	*des feuilles* . . . ill	*une corde* . . . . d
une boule . . . l	*une bourse* . . s	*des cerises* . . . . z	*une campagne* . gn
des griffes . . f	*une poire* . . . r	*de la soupe* . . . p	*des épingles* . . gl
une mouche . ch	*une plume* . . m	*une orange* . . . . j	*un masque* . . squ
une langue . gu	*un nègre* . . . gr	*une boucle* . . . cl	*des pantoufles* . . fl

Consonnes qui répondent aux figures de la troisième Planche.

v	t	l	f	ch	gu
n	b	s	r	m	gr
qu	ill	z	p	j	cl
cr	d	gn	gl	squ	fl.

Première répétition des consonnes précédentes.

v	n	qu	cr	t	b
ill	d	l	s	z	gn
f	r	p	gl	ch	m
j	squ	gu	gr	cl	fl.

D

Seconde répétition.

gn	gr	ill	fl	ch	m
j	squ	f	r	p	gl
l	s	z	gn	t	b
cl	d	v	n	qu	cr.

Troisième répétition.

squ	gn	cr	j	z	qu
m	s	n	ch	l	v
fl	gl	d	cl	p	ill
gr	r	b	gu	f	t.

Sons des trois premières Planches mêlés ensemble.

oi eu a fl age ouct ien m eil es gn ette u er b in f cl yeu ai oin ch un ace z ob t on emme gr eur gl en ag el s ad e cr uue gu o ou p et l ip qu av squ enne r i af d euil n an j u aise v é ill.

TABLE DE SYLLABES,

Où se trouvent répétés tous les sons des trois premières Planches.

ch che CH

chune chi cha chu chemme chip chaise cheil chen cheuil chaf chage cher chace cho ché chai cheur chav chin chob chad chel choi choin chyeu chou chan chouet chon ches chenne cheu chette chag chec chui chien chun.

v W ve V

vune vi va vu vemme vip vaise veil ven veuil vaf vage ver vace vo vé ve vai veur vav vin vob vad vel voi voin vyeu vou van vouet von ves venne veu vette vag vec vui vien vun.

t tt te T

tune ti ta tu temme tip taise teil ten teuil taf tage ter tace to té te tai teur tav tin tob tad tel toi toin tyeu tou tan touet ton tes tenne teu tette tag tec tui tien tun.

l ll le L

lune li la lu lemme lip laise leil len leuil laf lage ler lace lo lé le lai leur lav lin lob lad lel loi loin lyeu lou lan louet lon les lenne leu lette lag lec lui lien lun.

f ff fe F

fune fi fa fu femme fip faise feil fen ſeuil faf fage fer face fo fé fe fai ſeur fav fin fob fad fel foi foin fyeu fou fan fouet fon fes fenne feu fette fag fec fui fien fun.

gu gue GU

guune gui gua guu guemme guip guaise gueil guen gueuil guaf guagé guer guace guo gué gue guai gueur guav guin guob guad guel guoi guoin guyeu guou guan guouet guon gues guenne gueu guette guag guec guui guien guun.

n nn ne N

nune ni na nu nemme nip naise neil nen neuil naf nage ner nace no né ne nai neur nav nin nob nad nel noi noin nyeu nou nan nouet non nes nenne neu nette nag nec nui nien nun.

b bb be B

bune bi ba bu benne bip baise beil ben beuil baf bage ber bace bo bé be bai beur bav bin bob bad bel boi boin byeu bou ban bouet bon bes benne beu bette bag bec bui bien bun.

s ss se S

sune si sa su semme sip saise seil sen seuil saf sage ser sace so sé se sai seur sav sin sob sad sel soi soin syeu sou san souet son ses senne seu sette sag sec sui sien sun.

r rr re R

rune ri ra remme rip raise reil ren reuil raf rage rer race ro ré re rai reur rav rin rob rad reil roi roin ryeu rou ran rouet ron res renne reu rette rag rec rui rien run.

m mm me M

mune mi ma mu memme mip maise meil men meuil maf mage mer mace mo mé me mai meur mav min mob mad mel moi moin myeu mou man mouet mon mes menne meu mette mag mec mui mien mun.

gr gre GR

grune gri gra gru gremme grip graise greil gren greuil graf grage grer grace gro gré gre grai greur grav grin grob grad grel groi groin grieu grou gran grouet gron gres grenne greu grette grag grec grui grien grun.

qu que QU

quune qui qua quu quemme quip quaise queil quen queuil quaf quage quer quace quo qué que quai queur quav quin quob quad quel quoi quoin quyeu quou quan quouet quon ques quenne queu quette quag quec quui quien quun.

ill ille ILL

illune illi illa illu illemme illip illaise illeil illen illeuil illaf illage iller illace illo illé ille illai illeur illav illin illob illad illel illoi illoin illyeu illou illan illouet illon illez illenne illeu illette illag illec illui illien illun.

z ze Z

zune zi za zu zemme zip zaise zeil zen zeuil zaf zage zer zace zo zé ze zai zeur zav zin zob zad zel zoi zoin zyeu zou zan zouet zon zes zenne zeu zette zag zec zui zien zun.

p pp pe P

pune pi pa pu pemme pip paise peil pen peuil paf page per pace po pé pe pai peur pav pin pob pad pel poi poin pyeu pou pan pouet pon pes penne peu pette pag pec pui pien pun.

j je ge J GE

june ji ja ju jemme jip jaise jeil jen jeuil jaf jage jer jace jo jé je jai jeur jav jin job jad jel joi join jyeu jou jan jouet jon jes jenne jeu jette jag jec jui jien jun.

cl cle CL

clune cli cla clu clemme clip claise cleil clen cleuil claf clage cler clace clo clé cle clai cleur clav clin clob clad clel cloi cloin clyeu clou clan clouet clon cles clenne cleu clette clag clec clui clien clun.

cr cre CR

crune cri cra cru cremme crip craise creil cren creuil craf crage crer crace cro cré cre crai creur crav crin crob crad crel croi croin cryeu crou cran crouet cron cres crenne creu crette crag crec crui crien crun.

d dd de D

dune di da du demme dip doise deil den deuil daf dage der dace do dé de dai deur dav din dob dad del doi doin dyeu dou dan douet don des denne deu dette dag dec dui dien dun.

gn gne GN

gnune gni gna gnu gnemme gnip gnaise gneil gnen gneuil gnar gnage gner gnace gno gné gne gnai gneur gnav gnin gnob gnad gnel gnoi gnoin gnyen gnou gnan gnouet gnon gnes gnenne gneu gnette gnag gnec gnui gnien gnun.

l le GL

glune gli gla glu glemme glip glaise gleil glen gleuil glaf glage gler glace glo glé gle glai gleur glav glin glob glad glel gloi gloin glyeu glou glan glouet glon gles glenne gleu glette glag glec glui glien glun.

squ sque SQU

squune squi squa squu squemme squip squaise squeil squen squeuil squaif squage squer squace squo squé sque squai squeur squav squin squob squad squel squoi squoin squyeu squou squan squouet squon sques squenne squeu squette squag squec squui squien squun.

fl fle FL

flune fli fla flu flemme flip flaise fleil flen fleuil flaf flage fler flace flo flé fle flai fleur flav flin flob flad flel floi floin flyeu flou flan flouet flon fles flenne fleu flette flag flec flui flien flun.

Répétition des consonnes.

ch m b p ill f j n cr qu gu gl gr squ l
v z s fl gn r d t cl.

Seconde répétition.

m p f n qu v fl s d cl gl ch b ill j cr
l squ z gn r t gr gu.

Doubles consonnes.

mm bb pp ff nn ll w ffl ss rr dd tt.

Changement des premières lettres.

va ta sa ra pa na ma la ja fa da ba
chi pi vi mi ji di zi ri ni li bi ti
tu ru nu lu fu bu vu su pu mu ju du
vo no ro jo bo to po lo do so mo fo
dé lé pé té bé fé mé ré vé né jé sé.

Autre changement plus composé.

cra fla illa qua gna cla cha gla squa gra
flé qué clé illé ché cré gné gré glé squé
gli qui fli squi gri chi cli gni illi cri

gno no cro illo quo clo cho glo gro squo
gru glu nu gnu cru quu illu squu chu clu
chui nui bui sui rui mui tui pui
taise paise baise daise naise maise craise
gnou tou vou lou ſou chou nou bou
men den ten ven pen jen cren clen
neil beil seil reil meil deil zeil queil
mer quer iller ser per crer cler
ſlace dace gnace tace vace lace face chace
nette bette sette rette mette quette illette
vage lage ſage chage nage bage sage
chien nien bien sien rien mien tien
vec pec jec ſlec dec clec gnec zec
meur queur illeur zeur peur jeur teur
noi boi soi roi moi quoi toi poi choi
chan nan ban san ran man pan tan.

Changement des premières et secondes lettres.

so mi vé ra ju fa to pi bu la fé da né si mo va ru sa zi jé fo lé tu pé ba no dé sa mé vi ro ji vu mu li té fu pa bi nu do sé ma lo vo ré jo si ta po bé lu na di je.

Autre changement plus composé.

tes vob lel fui chaise nou ber seu remme men quoin illon zeil pip jag crer clace flette daf gnage touet vai lienne fenne chad noi bav sin reur mune quan illec zun pes job crel crui flaise dou gran ten reuil len foin chon neil mance quette veur lune fan tin ler face mieu iller don bage fouet gueil jeu clen guer peur tou deu.

LECTURE DE MOTS

Coupés par syllabes.

chan son fâ ché cha leur é chec man-chette bou che bou chon chi fon en-chaî ner pé cheur chai se cho quer chan te ra cha grin chu cho ter é chan son fi chu cha ri té chien cha que chi fon ba zo che cha pon per cher.

van ter na vette un pa vé a vi ron du bon vin vo lon té fa veur avec vi nai gre va ni té a vou er voi tu rer veu va ge ré veil ri va ge gra ver va leur vé ri té je vo lai va peur une vi gnette.

---

une ip aise i eil a en emme euil u v n t b l s f r ch m u g.

toi let te une to ta li té ten ter tou che ra é toi le pi tui te tien tin te ra é tu di er crou ton in ven ter men teur té moi gna ge poin tu une tan te pa ter nel té moin ti gre tu li pe ver tu é tui mou ton.

li mon de la lai ne lon gueur mou lin lan ter ne so leil sa la de la lu ne bou le i ta li en bien loin l'es pa gne a lou ette lou cher vo la ge len teur rou lette bi lan li ber té loi lu nette lon gueur lu mi gnon a li gner.

fem me en fin fon deur re bu fa de fa ce fin é touf fer du foin fouet fa vo ri fi gue feu fi dé li té en fer fer veur fes ton

---

af é ag e er ai ace eur o av qu cr ill d z gn p gl j squ cl fl.

fer

fer ti li té en fan ter ren fer mé bou fette fa ti gue ra.

ni cher bo na ce à la na ge ve nin de-vi né mi nette ju non sé ré na de le ve neur nu age né ron nu di té na tu rel na vi guer in fi ni no va teur no ti fi er pa na de se nour ri ra se pa na cher.

bai gner du bien ru ban bu veur bou-lo gne bû che ron ro bin ber ner bon té bel gar de bi che bou ti que bû cher un ba lai un bec be dai ne bu veur ban da ge ba tail ler ba guette bu tin ba di na ge bai gneur ber lin.

---

in oin on ag ob yeu es ec ad ou squ n p gn ch ill cr l gr j v r enne ui el an eu ien ouet oi ette un z n b qu m d f gl gn s cl t.

son sou te nu sien ser mon su cré se lon ser vi teur le sien si gner son nette sa lon sa ge sa la ma lec du sel sai gner san gler san té sé ré ni té ser vi tu de sou per sa pin ser pette.

ra ce ro be do reur rouet en rage ti rade rien la bou reur ti ra ge roi rou ler rec-teur ré fu ter ri meur ra mage rui ner ri va li té ro quette ro bin.

moi mu tin a mer mi ra cle i mage che-min cla meur le mien man chon bien ai mé mo di que mon ta gne mai greur mou che ma tin mas que ma ri a ge man-quer a lu mette pom made.

quo ti dien quan ti té mo queur qua li té

---

un ip af é in oin ou ag i aise age euil ob en es enne ec ai a.

quel que quoi man qué quai mo quette quel qu'une qu'on cli quette é qui page quin ze qui no la.

bou illon mou illette mou iller bou illi pa ille cha tou illai ba illage dé pou illé feu ba ta illon que nou illette.

peu je sou pai pi pe é cha pé pa na che une pa ge pa ver la pin es pace pu an teur po che poin te po li ti que po pu la ce pou mon po tage pou lette pu deur pen ser cha lou pe pan ta lon.

jon cher le jeu join tu re jeû ner jo li jouet a jou ter ma jeur j'é pou van te j'i mi te ju pi ter la joie j'en rage jan vier job jou teur ju ri di que ju pon ju rer bi jou en jo li ver.

---

ell ad on ui u yeu ace eur el an eu ien emme e o av oi ouet ette une.

cla meur un clo cher je bou clai cla quer la bou cle se clou er clai ron cli gno ter une cla vette clan des tin.

cru di té cro quer du crin cri mi nel é cran cre ver sa cré je su crai crou te cré du-li té cra cher cré a tu re cri ti que crou pe une cru che.

dé bi teur en du rer le ven deur dou leur dai gner une dette un din don dan seur di gni té dî ner di rec teur dé mon do rade dé fi ler dé clin des po ti que dé voi ler da van ta ge de gré.

flat teur sou flet pan tou fle fleu ve une

---

es an age enne u eu er ad ob emme cr le m qu z fl r cl n s gl gu.

ace oi a yeu ette av el en af in f gn qu d j ch v ill t q squ gr.

fleur ron fler en flé flui de flan quer je sou flai la flot te.

gue nipe le gué ri don guette gue non gué une gueu le un gui don la guin guette gui gnon guin dage gui gne gui per bé gui na ge.

gran deur gri ma ce gro gner une gri ve gra ce grouin gro gneur gra ba tai re se gron der un gri gnon gra vu re gre nade grou iller gra tis gri gno ter gra vi té.

gla ce gloi re glou ton un gla neur bi gler gla di a teur se glo ri fi er gla na ge.

é oin ag eur ui o une en i euil squ gn gr f b p d t j ill ch v.

ouet aise eil ai ec ou ip un e ien gl m gu l s cr n qu cl z r fl.

PIÈCE DE LECTURE

Composée des mots précédens sans être coupés par syllabes.

Chanson vanter toilette femme nicher baigner guenipe son race moi quotidien bouillon peu joncher clameur grimace crudité débiteur flatteur souflet endurer croquer clocher gloire le jeu je soupai mouillette quantité mutin robe soutenu grandeur du bien bonace enfin de la laine totalité navette fâché mouton chaleur un pavé tenter longueur fondeur à la nage bilan ruban sien doreur amer moqueur mouiller pipe le guéridon join-

---

une ip aise i eil a en emme euille u v n t b l s f r ch m gu gr.

ture je bouclai du crin vendeur pantoufle fleuve chagrin douleur criminel claquer guignon jeûner échappé bouilli glace bigler qualité miracle rouet sermon buveur venin rebufade bijou moulin touchera aviron échec manchette du bon vin grace étoile lanterne face deviné boulogne sucré enrage feuille image quelque paille panache joli boucle écran bataillon daigner une fleur ronfler une dette crever clouer guenon jouet une page chatouillai quoi chemin tirade chaloupe selon bûcheron minette fin soleil pituite volonté glouton bouche faveur bouchon gueule tien salade étouffer guette junon robin le sien rien

---

af é ag e er ai ace eur o av qu cr ill d z gn p gl j squ cl fl.

clameur manqué bailliage bazoche gladiateur paver ajouter sacré un dindon enflé danseur grogneur fluide je sucrai majeur lapin dépouillé le mien batailler laboureur signer grouin berner sérénade du foin la lune béguinage tintera avec chiffon vinaigre enchaîne étudier une grive boule fouet veneur bonté sonnette tirage manchon gué quai espace j'épouvante croute dignité flanquer un glaneur je souflai dîner crédulité j'imite puanteur clairon grogneur quelqu'une bien aimé roi salon nuage berlin enjoliver favori italien crouton vanité pécheur avouer saveur serviteur chaise inventer bien loin figue nuage biche un guidon rouet sage couler modique qu'on poche jupiter crache quinze un grignon directeur flotte démon créature la joie gravure pointe cliquette montagne recteur salamalec boutique quenouillette

nouillette néron feu l'espagne menteur voiturer choquer despotique veuvage chantera témoignage alouette fidélité grouillet nudité bûcher du sel réfuter maigreur politique glaner j'enrage critique dorade croupe défiler janvier belgrade populace mouche rimeur saigner un balai naturel quinola enfer loucher pointu réveil chuchoter rivage guindage serpette échanson une tante volage ferveur naviguer un bec pantalon sangler ramage matin poumon job cruche déclin aligner jouteur degré potage mariage ruiner santé masque guiper bedaine enfin feston lenteur paternel graver étui fichu valeur charité témoin roulette fertilité clavette novateur gratin buveur sérénité rivalité manquer poulette équipage juridique pudeur jupon alumette roquette servitude dévoiler bandage notifier gravité enfanter liberté tigre vérité chien percher je volai chaque tulipe loi renfermé guigne panade davantage baguette souper robin pommade penser jurer sapin vignette badinage se nourrira bouffette longueur vertu grignoter chifon vapeur lunette fatiguera se panacher baigneur chapon clignoter lumignon la guinguette grabataire glanage gronder grenade se glorifier.

Pl. IV.

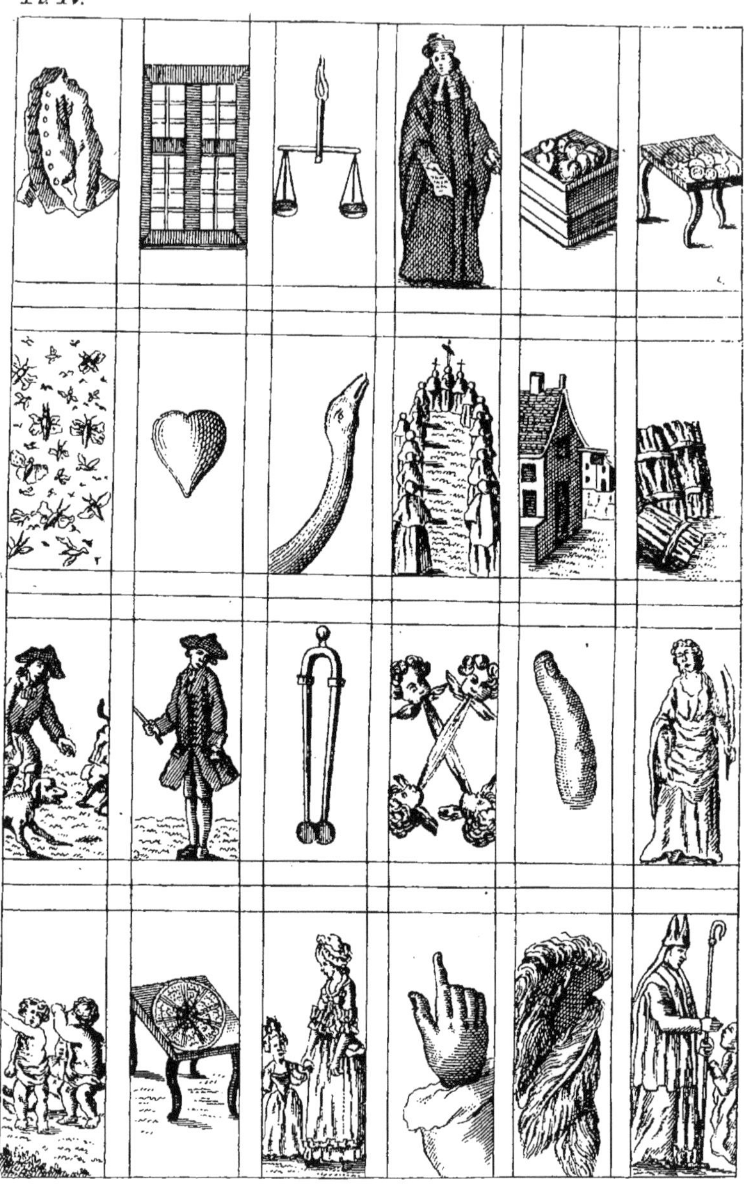

EXPLICATION DES FIGURES DE LA QUATRIÈME PLANCHE.

Des écus. . cu	*des fagots* . . . go	*une figure* . . gur	*la bénédiction.* ction
des abricots. co	*un logis.* . . . . gi	*un doigt.* . . doit	*des plumets* . . mes
un avocat . ca	*une procession.* tion	*le vent* . . . vent	*l'index* . . . . . ex
une balance. ce	*un cou* . . . . . cou	*des pincettes.* sept	*une gouvernant.* gou
un chassis. . ci	*un cœur* . . . cœur	*un exempt.* exem	*un gâteau.* . . . ga
une veste . . st	*des insectes* . . . et		*des petits enfans.* pt.

un homme qui excite des chiens, *en disant xe xe* . . x.

Syllabes qui répondent aux figures de la Planche IV.

cu	co	ca	ce	ci	st
go	gi	tion	cou	cœur	ct
gur	doit	vent	sept	exem	x
ction	mes	ex	gou	ga	pt.

Répétition des sons précédens.

Premier ordre.

pt	x	ct	st	ga	exem
cœur	ci	gou	sept	cou	ce
exem	vent	tion	ca	mes	doit
gi	co	ction	gur	go	cu.

Second ordre.

cu doit ce exem go mes

cou ga gur ca sept st

ction tion gou ct co vent

ci x gi ex cœur pt.

Troisième ordre.

pt vent st mes cœur co

sept go ex ct ca exem

gi gou gur ce x tion

ga doit ci ction cou ou.

Répétition des mêmes sons avec leurs composés.

mes ses des les tes ces

cu cur cun cul cune cui cuit

co cor col con com coi

ca car cal can cail cam cai

ce cen cer ceu cesse cé cette celle

ci cin cim cir cil cien cienne cieu

go gor goi gon goir gou gom gour gout

gi gin gir gieu gil gien gienne git

ge gen gem gesse geur gé ger gelle

tion tience tia tial ptial ption ptien ssion

cœur chœur cœurs chœurs

gur gure gul gule gune gui

doit boit soit voit croit reçoit

vent ment dent sent lent rend tenp

sept cet cette cettes

exem exemp exer exo exhor exi exhi exil

ction xion ctions xions

ex ax ix ox ux

cou coût coup cour cours court

ga gar gail gan gal gai gam.

Syllabes de la quatrième Planche mêlées avec leurs composés.

Premier ordre.

ses cur cor car cen cin gor gin tience chœur gure boit ment exemp xion ax st cour go gar x ge gour cou a ex ction ex em sept vent doit gur cœur tion gi pt ci ce ca co cu mes gen coût ix ctions exer cette dent soit gul cœurs tia gir goi cir cer ger col cun des ct gail ox xions exo cettes sent voit gule cœurs tial court gieu gon cin ceu cal con cul les gan exhor lent croit gune ptial gil goir cil cesse can cune tes gui goût gal exil rend reçoit ption gien gé gou cien cé cail com cui ces gai exhi tend ptien gienne gom cienne cette cam cours cuir gam exil gelle ssion git gesse cieu celle cai coi geur gem coup.

Second ordre.

gure gè chœur tience gin gor cin cen
car cor ses cur goût mes cu co pt ca
gi ce tion cœur ci x gar cai go coup
st ax xion exemp ment boit vent celle
doit gur sept exem stion ex ga court
coût tia gen cœurs gul soit dent cette
exer ction ix ail ct ox des cun col cir
cer gir gieu goi tial gé chœurs guie voit
sent cettes xions gesse croit exo ger lent
exhor gan cul cal les ceu con cim geur
gon gem gui tes gune cune ptial ceu gil
can goir cesse cil cail exi gal cé rend
cien reçoit gou gien ption cours cienne
com gom cui gienne ce ptien gai tend
exhi gelle git gour cette ssion cam exil
cour gam cuir co cieu.

Sons dans lesquels il y a peu de choses à retrancher ou à ajouter, et qui répondent aux sons radicaux exprimés par les figures des deux premières Planches, quoique l'orthographe en soit différente.

Son radical.	Son ressemblant.	Son radical.	Son ressemblant.
oi	oy	an	am
é	eh ez et	en	em
i	y	eil	eil œil
o	au eau	on	om
ien	yen	euil	euille
in	im aim ain ein	eur	œur œurs
el	elle	er	erre
un	um	ai	est oî ê è ë ay et ei ois oit oient.
es	esse		
eu	œu		

Répétition des mêmes sons.

Premier ordre.

oy eh y eau ois yen ê ain elle um oi esse ei em œil om am et euille ë œur è erre est au im ay ein oit ez oient et œu œurs eille.

Second

Second ordre.

em ein ei ay esse im oît au un est elle erre ain è cœur ê yen ë euille au ois eille œurs et eau et y am oient eh om ez oy œil oit aim.

Les mêmes sons mêlés avec leurs radicaux.

Premier ordre.

ez oi om eh oy œil é oit i am oient y o et eau ien ois euille œu in ë yen œurs el ê aim un é es cœur eu eille an erre ain en elle um eil est on oî au esse im euil ei eur em ein ay er ai.

Second ordre.

er ain euille en ai erre ois ay ein ai ein eau eille em eu et eur et o euil ei aim y es oient im ê am un esse i cœur au oit é ê œil el oî oy œurs on eh est om yen eil ez ë oi œu elle in im.

Consonnes composées ou dérivées des simples.

Consonnes simples.	*Consonnes comp.*	*Consonnes simples.*	*Consonnes comp.*
f	ff ph	p-t	pt
s-f	sf ph	p-s	ps
s-m	sm	c-r	chr
s-b	sb	s-chr	schr
s-ch	sch	b-r	br
t-r	tr thr	b-l	bl
s-t	st	d-r	dr
s-t-r	str	v-r	vr
p-r	pr	f-r	fr ffr phr
s-p-r	spr	j	ge
p-l	pl	qu	k
s-p-l	spl	s	sÇçsçss

Répétition des mêmes consonnes.

Premier ordre.

C' k ge phr vr dr bl br schr ps chr pt pl pr ff spl spr thr st sb sm str sph ffr s ç sf sç ph fr tr cr scr ss.

Second ordre.

scr chr phr ge spr k spl C' st vr sb dr sm
bl str ff br sph schr ffr ps ç chr sf ss
pr tr pl fr ph sç s pt cr.

Consonnes doubles mêlées avec des simples.

Premier ordre.

pr ff pl chr pt ps v schr t br dr bl vr
l phr ge k spl f C' cr ch tr gu fr ph
n qu sf b bb ill sç ç ffr d sph s z str
sm n l p sb r m st x thr ct squ pt spr
fl mm s r j cl ss scr.

Second ordre.

pt d spl ffr k squ ct ç ge thr sç phr
x ill l bb st vr b m sf bl r dr sb qu
br p ph n schr l t n fr v sm j cl gu
ss pt scr r mm str tr ch chr z pl cr s
spr C' f s sphr pr ff ps.

Sons et syllabes qu'il faut que l'enfant dise d'une seule voix et sans se tromper.

ob

ob ab eb ib ub arbe erbe orbe urbe albe elbe ulbe aube oube ambe imbe ombe ourbe.

el

el al ol il ul oule oile aule eule uile arle erle orle urle elle alle ille olle ulle.

age

age ege ige oge uge ange inge onge eige arge erge orge urge ouge auge.

ad

ad ed id od ud ande inde onde ende oude aide aude oide ourde arde erde orde urde.

es

es as is os us arse orse erse urse ourse esse isse asse usse osse ousse oisse ausse uisse.

ip

ip op ep ap up arpe erpe irpe orpe urpe oupe aupe oipe alpe elpe ilpe olpe ulpe épe.

ec

ec ac ic oc uc ec oc ic ac uc ic ec uc ac oc ec uc ic ac oc.

av

av ev iv ov uv anve inve enve arve erve orve urve alve ilve ulve éve euve auve oive ouve uive.

une

une ane ine one ene erne orne urne oine eune aune eine uine.

ette

ette atte itte otte utte ate ete ite ote ute ête arte erte irte orte urte eurte aute eute oite einte oute aite uite ante inte onte ente ointe.

ex

ex ax ix ox ux aux oux aux ex ux ix.

emme

emme imme omme amme alme elme ilme olme ulme arme erme irme orme aime aume uime ame ime eme ome ume éme éme.

af

af ef of if uf aff off iff uff eff arf orf inf onf enf auf euf oif ouf uif affr effr iffr offr ouffr auffr anfr infr affl ifl afl ufl onfl enfl oufl anfl.

ag

ag eg ig og ug aug ag ig ug eg og ig.

enne

enne anne onne inne ene ine one ane êne.

ace

ace ice ece oce uce arce erce orce urce ource auce ouce ance ince once ence alce elce olce ilce ulce.

aise

aise ase ese ise ose use ause euse oise ouse uise anse êse onse euse.

er

er ar ir or ur our oir eur air œur ir œur ur oir ar or our er ir our air.

eil

eil ail ouil euil eille ouille aille euille.

SONS OU LETTRES BRÈVES.

i *bref.*

ien ieuse yen ieu io ié ia ion ial iez iace ius iad ier ias ief ieur iar iol iet ior iai iois iette ienne ian iance iage ioit iap ience ieille ioient iel iasse ielle iesse iere ionne ianne iaise iau iou.

é *bref.*

ésse éa éon éal éor éo éage éé éit éance éer éoc éel éu éi éhen éhé.

ou *bref.*

ouet oui ouir ouan ouange ouer ouez ouon oueur ouai ouin ouelle ouasse ouette oua oué ouoit ouesse oueu ouab ouoient oueuse ouage ouane ouar ouaille ouhai.

u *bref.*

ui uin uir ué uer uon uan uai uel ua uet uage ueu uoit uelle ueuse uasse uoient uence ueur uette uil uif uiv uau uev uad uar.

y *bref.*

yeu yen yé ya yal yon yer yasse yeur yar yau yai yenne yan yage yoit yez yeul yeuse yoient yol yance.

a *bref.*

aon aa aé aïr aor aan aï aü aïn ao aïeul aïen aab aad aac aïf aal aïl aül aam aas ayan.

o *bref.*

o *bref.*

oin œl oab oad oas oeg oïl oar oé oa oï oü oon oan oail oyen oet oyenne oë oal oail oag ooz oyelle ohor.

SYLLABES

Composées de consonnes et des sons les plus difficiles, afin d'accoutumer les enfans à lire toutes sortes de mots.

guez ctum xaille brê dres ffrois quoir jai deu phloi blouil flim steuil schem scroî vœur chyen rouille sy quau ptest troient glelle chram trœu fray ctrail îllau clon gnè glaim ffloy clesse scheur

---

esse im au ez ei ay œur ois elle oit œil en eur œu oî es eh.

r ch v tr qu s pt Chr gl ctr fr tr gn spr cl sm ill bl sp pl.

sbien grei phou tin phrair prë sim croit zour fén blez pleuille çé splein sphoi nai lyen beau Ky C'œil ptau sai stoy squelle psain vrei strin moî peil floit thrim plan blom spois smel sprau guez.

treil phun grest selle presse phroient sez crem zoit çum flaille nê sphes splois Koir bai plez leu soi ptouil C'im psoî squem stœur myen strouil vry thrau floient pelle clam fflest clœu schai sbail xau cton qué ffraim droy bresse dien jeur quei flou blin phlair

---

est eil y et ien est em ê erre un oî eau our esse am euil aille ein ill gl y ph phl br gl tr st s qu sf gu sch p st l ll phr pl vr C'.

scrai schim stoit rour chë vez treuiller quê sein ptoi chrai glyen ctreau fry treil clai gnau illoy blelle plain sprei smin spoî illoit gleil vim phlam brom glois trel sau steile quun guest schelle pesse lez stoient flem phroit plum vrez C'aille splê zes grais smoir clai chreu choi blim drouil fflem freuil quoî schœur sby jyen ctouille flau squoient belle plam prest blœu stray ptail sphau cron phê spraim gnoy ptesse reur flien ffrei clou ctrin trair scre dim xoit thour psen kez çeuille mé soi nein sai tyen feau spy illoit klon.

---

eille in yen oit oy elle im ez eh au ei im ai aim oient ouil um ein spl z gr sm cl chr bl ch dr ffi fr qu sch j ct sb fl squ b pl.

guœil jau scrai phroy plelle kain teî braim bloî reil zoit sphim san quois schom treil flau beille psun phlest xes chelle ptesse soient mem plez stoit quum strez laille squê ptois throir vai chreu gnoi fouil strin seuil frem cloî stœur flyen glouille phy clau sproient vrelle blam trest flœu pay sbail illau smon glè schaim groy nesse drien plei creu flou ctin dair prë fim spoit çeu ffrour guœil.

spez clê pteuille plein stroi sai scheau flyen phy ctrœil fflau mai bloy gnelle smain threi sbin cloî treil poit glim

---

ez oir ai im oient elle am ail erre em au est esse ei ain om oit eh pr bl str pt sph cr ph spr gn r fl ffr cl ctr tr scr d x thr k.

fran squom kois illel prau Chreurille rum
vrest ptelle nesse troient quez scram stoit
bez çum glaille chê fles spoir sai scheu
doi fouil lim pleuil som voî blœur ffryen
splouille cry toient stau jelle xam blest
prœu phlay drail zau phon flei ctam
què broy gresse gueur phrien spez crœil
phou brin guei prair quë crim phloit
plour sten phez veuille bë sein ptoi
glay squyen treau stry illai flœil glau
blain spoy sbelle grei xin phroî deil
zoit ffrim flan splom scrois lel flau C'est
reil trun stelle vresse ptoient strez dem

---

ei im oî in ë yen oit y et oient i é es o
ay ez au é oi è ai oy ien ois est sch scr
v ch r s qu tr gl sf gu ct x br dr ffr qu
j d phl k.

gnoit sprau plum clê schois spres ctoir tai dreu soi jouil fim bleuil çoi schem nœur chy kyen plouille chry sau quoient frelle mam clest thrœu flay smail phou klin.

phloi deu jai quoir ffrois dres brê ctum xaille guez rouille chyen vœur scroî schem streuil flim blouil sy quau glelle troient Chram ptest trœu ctrail glaim fray gnè ffloy clesse scheur sbien grei pleuille phou crin phrai blez fen zour broit sim stoy sai çê plein sphoi nai lyen C'œil ptau squelle psain vrei.

---

i è in é oî oi et ei au oient im ê oit ien ay y ois ez ë oy est yen ai o t ph gr s pr phr f cr z ç k p fl thr pl sp bl spr br sm gr.

EXEMPLES

Des lettres apostrophées qui se rencontrent dans la lecture.

s'admire l'autre m'est j'espère n'avancez t'affronte quoiqu'on d'autre c'est s'il m'y l'esprit j'aspire n'importe l'estime n'êtes jusqu'où d'histoire Ç'a s'augmente m'avez l'ornement j'aime quoiqu'il s'excite s'est d'esprit c'est l'effet n'importe j'endors n'irrite t'interroge quelqu'une d'ordinaire s'obtient l'admiration m'augmente j'irai n'obtienne l'achever qu'attendez d'outrage s'efforce l'amitié m'outrage j'efface n'avoit t'attache qu'obtient d'habitude s'abstient c'est l'univers m'avance j'apporte.

EXEMPLES

Des sons composés de la lettre h *qui se prononcent comme s'il n'y en avoit point.*

heureux habit hardiment hautain herbe hémétique hardiesse histoire humide habitude hauteur hérisson herbage heureusement hiver historien homme heurter hoirie horloge humble hochet houlette hospitalité horreur humain humblement huilé houpe haine humeur hypocrite hanche honteux.

EXEMPLES

Sur la lettre s *finale au pluriel qui ne se prononce que dans les monosyllabes, c'est-à-dire, dans les petits mots composés de trois lettres, comme* mes, ces, des, les, tes, ses, *au lieu que dans les suivans elle ne se prononce pas.*

branches cordages basses blondes bourses carmes fautes graces meules pommes

portes

portes routes grandes poules hommes princes courses gouttes rides larmes larges cartes sommes places dindes danses mes palmes modes ses glandes flammes nouvelles des vêprés vestes les verbes offices merles tes novices visites ces huîtres belles.

EXEMPLES

Des terminaisons des verbes en ent, *qui ne se prononcent que comme s'il n'y avoit qu'un* e *muet.*

craignent mouillent moussent riment montent étouffent manquent rompent ouvrent retournent philosophent aspirent trouvent brûlent mouchent étranglent domptent cabrent contemplent montrent tremblent sacrent soufflent cadrent bouclent conspirent destinent.

EXEMPLES

Des sons qu'il faut partager en lisant certains mots.

Tomberoit feroit accorderons animosité sera venoient continuité serons cabinet promenés terminer féminin serez capitaine chargera apprenons humanité bonifier casseriez trouvera origine commune inclination amener criminelle latinité rangera travaillé inopiné origine venoit univers seriez avenir prenez fera parvenu universel devinions ferai inclination.

LECTURE

Dans laquelle sont répétées toutes les syllabes et tous les sons difficiles et équivoques de la langue.

Surnaturel prince conduit gobelet malade mes saraï heureux montez anticipe examiner hostilité suave vitriole scabreux ancien joab avantage écrivoit condition abraham voit fourchette soupirail exaucer fiel dragon femme aversion boisson enduire avancé robe cordon caraffe mes afin lionceau chien joyaux hardiment connoissance cabale sincère suin andouille image remède douceur ésaü moussent dévotieux galope rigole ambassadeur inquiet ficelle soulève soit joas hautain plaire princesse liége est gauche mal croit antidote gaine miliasse j'ai exorable peau immobile cendre manuel exorbitant faim s'obtient bourgeois chef engagea impérial poëte curieux récréer riment capucin canfré abricot suoit les ces cercueil caudebec moyen hémétique courtisan ouailles tourment préjudice simple connoître égayoient procession cane gêne licaon argile aspirer couverture œuvre épier foiblement augmente agir répréhensible avancer plein bail montent estime nouoit ces extases gilotin corroyeurs après figure espagnol gimblette cuir herbe gourmand invalide virgule paresse caïn réflexion accepte aucun niort coëffe rivale médaille reçoit étoile précieux oblige largesse jouet étouffent tes sonnette habile vieillesse exécution homme hardiesse gambade continuer.

---

gu elbe oi ien t age ses éesse oient erse ca ph ad ui au ilve exil ouet eaune gr oin une ei aon tial ct urbe yen oi bl uise oyelle ace s aise ex yance éer erne ssi or pr uet offr oit eul ouin phr urce.

gaieté caisse oreb offensif munition conviés celui chauffoir léopard exalter infraction aucune truelle saxe croissy bac histoire gouvernante adorera cage souhaiter agace espèce des importe déesses scorpion épine humide campement naaman reine gingembre habitude manquent bègue pigeon exiler roi témoins grégoire cerfeuil les cadet prouesse concile parenthèse abeille scribe c'est j'ennuyai doit avril cœur josué ancienne bête période recèle gabao nuptiale jouoient occuper exhumer hauteur biais commencez tomber ovale religieux gelboé ceinture emplois déloge paya ébloui cautère mérite tes verrouil effet biscuit hardiesse flamme coussin pauvreté habituons rompent circonstances scribe les étoffe hautain soleil priasse du gain réel vulcain cela esprit affliger remueuse ceux alambic j'irois souvent ancien orgueil puce chirurgien ces dinez béatification gant amène hérisson branches mes herbages craignent tomberoit plié retournent extirpé ismaélites scandale hostilité.

---

aute oï af et aer ex dr use im es tr aute iai inte ez cau f éor ic gim oit up uète elce arde sin ouoient im z ausse oë in y aül doit ilme urte eau ai fl ouce ielle ice ez sin ç éi erge ulce.

œil relief ménagé digue exécuter noël heureusement poitrail mes estime fenouil gaillard poisson boueux exercer prise largeur mitoyenne dédain vergette calcul lacet affluer bain corruption habitude goinfrerie bisaïeul chœur amour esculape exemple mitoyen gamel cube bercail belle joathan philosophent exhaler hiver déluge pigeon épanouir vient fixe pelote pincette boit conscience citoyen serai calme s'évertuent nageoire jujube faire luxe trufe obligeoient darius ces gorgerette jéhu aspirent exhorter sifflet carton substituasse fouille gardien choc calme pieuse philosophe arceler idéal respect jambe doctrine babilone ses envahir affoiblir brusque bateau connoissant historien prieur balayer dogue des trouvent humblement est.

moab glace gribouille fagot mœurs souab mes j'ose houlette aboyant boëte examinons foule scabreuse saluons magicien viande connoissez opération payen voir écharpe exaucée ancienne

---

io ger ug uir pl ar ptial ouange au ême oi on aïn ce qu alce ë ien ei olce euille yeu ax cesse éance fl oc cal yen oule ueue eaupe n oua auge oë exo aod z alte ai sien sph oi mu oient ooz aille anne.

gond janvier émulsion les vœux moïse effacé louange cordé dénouant enfin dispute figure bière brûlent oxicrat anselme l'index homme influai sept barbe bénédiction affaire le mien cancre alcibiade volaille exulcératif obéissance combattre giroflée auprès culbute éternuoient cailloux habacuc impatience moyen toi obscur tierce humblement gédéon ranger acharne tranchoir virgule mouchent extraordinaire accueille marseille adresse et berceau patriarche connoissable hugue singe boissy joas ménage feuille douceurs tes feuilleter dévotieuse amuse golfe essuyage nacelle contrepoil soit impossible discontinuant princesse dinde gaucher ayant peine croit serpe crioient gaine miette inexorable inventaire encens voyelle exorcisme vieille linge bourgeoise louange dégage hoirie chaud martre écu brione féte vinaigre cinquième armement fenouil cotillon port mahon accueille superbe courtisane efficace sommeil médicament confier simplement répréhensibles passion mufle œil géner affluence agile public.

---

yeur iv spl can sien éan ê orge gar ine uif og k vent ois ouane oc oï olme aé cez alce aine eu str ux yoient ouffr ption cesse b ouil uff exu ete êne uon ille cel im oua ouf oë ayen ois exe d aux yol.

pouce confronte bigoterie frayeur mes cinquième mitoyen huileux rahab examinera syllabe scabreux bourse musicien alliance récréation poëte voit suffiamment exauçoit boëte trahir gonfler syndic suspension monsieur remplacez force émaillent accordoit joël afin ruine figuroit ismaël oxicrat renverse extrêmement kyrielles sept vogues mœurs production suinter ardeur accueille destitue exulcéré diadême compulser entreprise cultivé désobéir écaille poussent patience docile obscurément blete humble stupide voyageur louange virgule pape accueillerez pierre fardeau ambulant grave connoissez s'évertuant singerie fontange singulier fromage boueux douceurs patentes dévotieux j'octroyai rigoles femmes étincelle galaad soit hebdomadaire princesse juifs gaule prescience rameau croit booz gaine parfumé mettent inexorables cahors cengle roc exorciser liard bourgeoise commerce engage joab incurable tribune cinquantième saül recolettes entorses cercueil négocioient courber paire intrigue regimbement conduire simplifier vieille intercession lionceaux gênera.

---

ci v cœur t exem l tion f ce ch mes n sept b sin s ca r ge m vent qu ction ill co z gi p doit j ex cl ga cr cu fl go d gur gn des st cien ct gé gl cette gr.

virgile préséance couteau consul affoiblit huile agir commode glacer avouer atteste ces escarpent chaufent lionne agilité élève défiguré influai est regimbement singe gourmet souabe réceptacle les appointe peste singulièrement moyenne immoler génuflexion aucun nain isaac coëffe prohibé reçoit balafre les cieux triages vestes largesses tes ouailles nerfs habitable [chanaan cannaan] exécute duc gambadions vitriol demandons amorcé joas marquent frayeur spécification caravane celui les abraham exalté ursuline rancune fiel thorax subjugue marécage œuvres manuel agace sommeil des serin impériale paille scorpions méduse camphre récréer gingembre emporte goulu juif arrangeons lassitude réclament exhibons secouez nœud goître euterpe cabinet diane conciles rivières scrophuleux bathuel c'est mensonge doit bafouoient honnête cœur appuyant superficiel celles comme nuptial naïf exhumera danube effacez affreux irréligieux marioit cohortes ceintrer étayer trempent orpheline causeuse saraï cuirassier basilic effaré inquiet fantassin ulcère conduite étoile les divine.

---

gu en ph eur chr et x ob squ' in pt an br ui tr ouet phr ip vr ou dr aise fr ette pr eil str ec ffr i ctr ad phl une gl u fl emme pl é bl on ffl oin pl el bl ace.

héréditaire

héréditaire naas du gain course lucain milliasses à peu près si cela déluge ceux continuer souvent camail orgueilleux conviez phrygiens cause gantelet léopards devinent forteresse circonflexe juive gingembre offrande ombragé enrouons muet les exécuté extirper estimeront aïeux chevre-feuille et gaillardement novice exercerons ponctua voyageur surcharge vergettes boueuses faucet herbette croupi conception nettoyage goinfrerie flamme question chœur baal rubarbe exempter affronté triomphent nielle conduit exhalé baleine informe plongeons ésaü onix tillac pincette purgation des rocaille niort précipitation privent source boit gelboé faim nageoire aliène luxurieux jouet acception duchesse gorgée plongeoient impudent vieillesse drogue ces exhortoit habituons carme écureuil regarde jeune priasses calculé boudeuses pharmacie réel respect enjaule doctrine frappoient restituez préposent ses pinde foibles joueur foi méconnoissent corporel et effrayer soudoyen reste étuve pareille trompoit certain temple importe destineroit joueuse ceux scrupuleux dévoile scandaliser.

---

fl er gl oi st af br av gl age fr a ct enne str eu gl es ffr o st yeu phl er ct ai fl un bl ag gl ien ffr e bl eil str esse ffl our fr oi gl ui tr ei ph eur ss.

concierge puce garouage cigogne mitridate mes larmoyoit huit palme examinerez raphaël adverbe scabreuse roulent praticien chiffre déclaration défioient voit suintez caïn exauceriez confisquer les gonflons convulsion archiduc tracé biais cordonnier pouce enfin joatham figurons pomone oxicrat ébloui marchent inexprimable classe sept hardiesse des fonctions prague candidat s'évertuant exulcéra œil compulsoire darius cultivons bourgeoise écaillé jéhu impatience aïeul obscurcir druau humblement monde germe dénouai virgules usurpe c'est recueillir étayé pourceau sanglent janvier ressuage connoissoient cingler virginité dommage trompette douane douceur dévotieuse ondoyé golfe anselme escarcelle saül soit orbiculaire princesse offrandes gauler daniel croit cuir gaines enfin exorables tes gabao conteste broc sangler mitoyen bourgeoises exhorbitantes fenouil et exaucer [moïse moyse] dégage lucarne écumer épanouir livrent badeau cinquièmement remplissent incommode gaie accueil conscience augmenter courge influai tempête et commandement andouilles simplifions.

éel irpe cou ulce euil uoit br elte ex car p oua orde oir oan ace ayant gil sch as aille oor ch aume iette est imme ei éé iau v cette one uiv ay once ooz celle tr ouane er oab um el aou cin pt erme ilce.

concessions épouse gêneroit obéissance évangile tuile coutume ruade affoiblissez appréhende rugir marsouin placer coupe reste priois noya ces inventer escrimoit religions glueux défigurons forge exceptent gimblettes avouasse gournette embaumer hérite singulariser bisaïeux veste préfixions et pareil gendarme confiez chacun causé balaam les tes coëffer turbes reçoit soufre spécieux délassent sagesse josué nerfs habitude échelle bisaïeule priez soupoit exécuter échec dénombrent gambadons anciennes demandez quittance étayé voyelle amplification subalterne celui métail dénouant exalta désespérer lacune bière storax collègue saccage et port mahon agace vilain recueillirent confier reluise auteur camper répréhensibles gingembre portes goûter stuart volontaire saccageons accorde des agacent recueillerez scorpions javelles mouillent est accouplés taupe incapable royal imbécille loi envahir scribes tuoit c'est panurge doit cœurs et gadouars papillotes logiciens balayeuses permettez celles nuptiales naas exhumoit alberge agacez courois gauffres litigieux vieillards affluer.

---

ei qu ac iasse iou un ce éal orpe s boit ux uon au euil cun pt ouon ip ez oan eu aer gule sch oc ain oyelle chr auge ya eb gon um éel ig anve gor euse aine con euille ctr ouesse eg oab yen.

zeste essayer échauffe païens caustique théodoric tribun cuire miette efface grince marcassins délai noailles conduire licorne les louages hérisse aspect rouille du gain brione démontrent figues républicain jaim aisances harcela néanmoins toujours les ceux ambre merveille souvent mathatias désespéré suèrent flambeau orgueilleuse perles théologiens puissant gantier plaide annexe louasse gingembre scander polype broyons œil envisagé parvenu exécuteur ruelle enflent estimation gorges gaillardises ouailles exerceront minutes sœurs voltigeur poëte balayoient targettes confirme lacet rouets perception elbe goinfre canfre chœur nièce exempter soif saluons rogation cailler moyens ahab exhaler aspect des confiance songeons béatrix féroce gêne doucette mitoyenne cimetière boit nouez hospice mangeoire lune moyeux tripaille songeoit vœux conjugue égorgeons haïr exhortant conseil grief carcasse bigarré usances calculer j'étois joël sablent phénomène ayant respectueusement vice-duc doctrinaires friand ses annonces foiblesses.

---

ael goir f ouge aille air esse ohor fr orf yenne ese im pr ces éir uile tr eu infr oient uau aux ption gn eur oui eaule oan ul me aon ssi C' effr ein eau oyelle cl oube ier ointe est exem éon ill aune chœur.

planette essaya entretenir lourde pleine clémence larges tuerions entrera appellent postérité funeste prenions grincement scabreux funeste négociant académiciens mes genoux serons vocation hurlement destineras perde voit exagéroit lèchent c'est exhaussions feignez seroit arragons oxicrat loupe extension taupe sexte bonifié fortuné neuve sept funeste guêpe luc corbeille morve direction serve crimes entr'ouvrent brocanteur canonise afin des généreuse exulcéra innovation augure comprimer monosyllabe gager connivence virgule cultiver et seigneur canardière accueillez chauve cailloux pénitence lionceaux pronostique patience doive soit obscurcirons exceptant connoissons finesse les louve singulariser humbles avantage morne serve princesse douceur ambitieuses manqueras gaules croit pénitence dévotieuse saturne peigne rigoles originairement dégaînoit éloigneront dénombrent étincelles inexorables juive centuple crême exorciser recueil contemplent gênassiez mener vigile ennemis contrepointe diminueront bourgeoises chaîne couvrir paiement engage avenir

---

uc pl ec b oc pt ic sph oin bl oel fl oab str oad squ' uve x anve sb inve d envc ffr ieur iar r iol tr iet scr one pt arne gn erne cl orne ctr éel t éu s éi f éhen ivis spr.

bascule lionne affoiblira simplicité prenant mugir cintrerons ramener permission s'imagina bricole canne prenne défoncer protestant emportes singulariser continué ces cahute feinte fluxions c'est gonflent offerte coëffée reçoit inopiné gimblettes prononce peignent engourdissons licencieux ferez largesses maintenant demandoient continuité tes accablent haleine payable pénitence hallebarde poudrent féliciterions déclamera confiscation celui honte exécuter complimenterons héritier voûtes ambitieux gambaderez promenade continuel représenterai exaltoient lacune fuite gingembre canal taxes inhumanité raclent dérangeras concile gouvernail baleine marécage commune misérable et scribe tante obligeons c'est l'agace divinité doit entreprenoit continuation existeroient des jointe cœur examen scorpion goîtreux amenant fixe les physiciens spongieux celles punition ceindra sexe prononciation nuptiales ambitieuse paie immunité exhumoient s'éclipsent causeuses tremblasse cuite enfoncez termines informerions enseigné.

---

cet n gan ç cer k gez thr gour m sien ps celle f cœur gu ssi br gom phl doit st cou qu les v sein s ction tr cul gl cur s ssp ix gr gim ill ssion phr cette z gen fl xions cui spl.

CATALOGUE

Des noms des figures employées dans cet ouvrage, qu'il faut faire lire plusieurs fois aux enfans, afin qu'ils en retiennent la vraie orthographe.

La lune un lit des bas un bossu une femme une pipe une chaise le soleil un serpent un fauteuil une carafe une cage un verre une glace des os un dé une roue un balai une fleur des raves un raisin une robe de la salade de la dentelle des noix un poing des yeux un loup un ruban un fouet un mouton une abbesse une chienne des cheveux une fourchette une bague un bec un étui un chien une cave une porte une boule des griffes une mouche une langue une chaîne une barbe une bourse une poire une plume un nègre une perruque des feuilles des cerises de la soupe une orange une boucle du sucre une corde une campagne des épingles un masque des pantoufles des écus des abricots un avocat une balance un chassis une veste des fagots un logis une procession un cou un cœur des insectes une figure un doigt le vent des pincettes un exempt un homme qui excite des chiens la bénédiction des plumets l'index une gouvernante un gâteau de petits enfans.

AVIS.

Avant que de faire passer l'enfant au caractère italique, il faut qu'il lise couramment toute la pièce de lecture qui est ci-devant. Pour cela, il faut la lui faire lire toute entière cinq à six fois au moins.

CARACTÈRES ITALIQUES.

Consonnes.

ch m j gn f r p d l s z fl t b ill cr v n qu cl ct gr gu pt squ Chr st gl x ph.

Consonnes doubles formées de simples.

ct str fr vr tr ffr pr dr phr br phl gl bl ffl pl gl fl pl bl fl.

Consonnes

Consonnes doubles mêlées avec les simples.

sp ill gl v phl br sch p st l fl

phr ffl ffr qu sch j ct sb fl squ

b pl pr spr gn pt r fl ffr thr ps

k ç gl s tr s st qu gu pl vr C

spl z gr cl Chr ch bl dr bl str

pt sp cr ph cl ctr tr scr d x m

s n f t spl.

Voyelles, sons simples et composés mêlés ensemble.

au eille un est elle esse oient ez em

oit el ois om an im oit eil oî in ei

ain elle oy ai au œil y eau yen ai

oi ein ê euille ez en et our oit im ë

air in on ei o eur ien esse oy aim

è on a au ail ay œu est am elle oint

au y ouille yen i œur oî em euil

im ouil oi eu ai oir u ois es ê aille

ex um é et.

LECTURE.

Supplice ainsi écrouent platoniciens montoit dentelle et écrivez pacification goboient mes parfum soupirail avoit hurler chien boisson exhausseriez examen j'ai tambour fera scabreux estragon andouille ascension dextérité les plaire sœurs publient dénoncé sept poëte cordage moyen déduction enfin ambassadeur brocantoit peau connoître conspirèrent augurer faim exulcéroient est oxicrat œuvre serions voltiger feuille compression divulguent médaille plein cultiver virgule reine caillette recueillement chauffer impatience taxassent morceaux importe après roi obscurcis paresse abeille humblement connoisse singularité jouoient pauvreté davantage soleil tomber esprit douceur bête j'irois dévotieusement verrouil œil appaisèrent dînez golfes escarcelles plioit exodes et poitrail soit puissent concentré

---

gé b fi pt ceu str tion squ ger fl cen x gon sb cœur bl exil d gul ffl cin ser gail ffr cel r con tr gin pt boit ctr car gn exo cl gor t tes spr co s gam f exe n cal thr gui coi.

princesse c'est exhorbitant poisson dédain gauloises hymen bourgeois frappent croit amour dégage dégaînoient tournent curiosité discussion humblement cintré jambe simplifierez vient bateau les coloris serai écueil timbre faire génasse est rétractent évangile mœurs courez boîte affoibliront fragilité c'est tranchoir païens connoissez élargir auprès angulaire exercée puissent regimbions vœux adresse volaille engourdiroient le mien ces feuillettes singulière consciencieux souillassent crioient ixion sagesse tes peine promptement chacun impossible fenouil hangart coiffer toi exécutoire reçoit chaud vieille gambadiez tu mentois celui crussent fête exaltât ces embonpoint étayé aucune hymen riez sommeil storax exhérédation puoit saccage espoir bétail m'agace mien goutteux croix jambons des mondains affligeons scorpions quai assortissent chapeaux détour exhibera pareil et campez grenouille nouvelles grégoire humble affaire gingembre capable cœur est imbécilles je chantois ancien rien sœur.

---

aise sb ase x ese d ise ffr éesse ffl éa r éon tr éor scr cr pt ar gn ir cl or ctr oué t ouoit s ouesse f oueu spr our ç oir n eur k air ps ion s ian m ieu l ien iu thr.

AVERTISSEMENT

Sur l'usage que l'on doit faire des sons et des syllabes formés des lettres majuscules, tant pour donner de la facilité aux enfans pour lire le gros caractère, que pour les préparer à l'orthographe de tous les mots qui peuvent s'apprendre sans le secours de la grammaire françoise et de l'usage.

Lorsque les enfans auront vu plusieurs fois les sons et les syllabes suivantes, il faut leur en faire rendre compte par détail, c'est-à-dire, lettre à lettre, en leur demandant, par exemple : quelle lettre faut-il pour faire le son *an?* Quelle lettre faut-il pour faire *in?* etc. Si à ces questions ils répondent juste, en disant : il faut un *a* et un *n* pour faire *an*, un *i* et un *n* pour faire *in*, il faut continuer toujours de même jusqu'à ce qu'on les ait tous parcourus.

Si au contraire ils restent courts, comme cela pourroit fort bien arriver dans le commencement, il faut leur recommander de se les représenter à l'imagination, ainsi qu'ils se représenteroient les figures contenues dans un tableau qu'ils auroient vu, et dont ils voudroient rendre compte, et même les leur faire revoir sur le livre quand ils y manquent.

Mais si après que l'on aura affermi les enfans sur le détail des sons qui ne rendent point à l'oreille la valeur des lettres qui les composent, on vient à passer à ceux qui se font entendre à la simple articulation, comme sont les suivans, *pr*, *br*, *tr*, *vr*, *el*, *es*, *une*, *il*, etc. alors il faut changer de moyen pour les leur faire trouver. Ainsi, au lieu de leur recommander de recourir à leur imagination pour ceux-là, (ce qui seroit absolument inutile) il suffit de les leur faire articuler très-doucement, en leur recommandant de peser et d'examiner attentivement le son qu'ils rendent à l'oreille, et dès-lors on verra avec satisfaction qu'ils ne seront pas long-temps à distinguer toutes les lettres qui entrent dans la composition des sons, et même des syllabes entières ; ce qui les conduira insensiblement à acquérir au moins les deux tiers de l'orthographe.

Il faut bien prendre garde de ne pas confondre cet exercice avec celui qu'on pratique sottement dans la méthode ordinaire, qui est de surcharger la mémoire d'un enfant en l'obligeant de dire *o u* pour trouver *ou*, *é a u* pour trouver *eau*, *o i* pour trouver *oi*, *é s t* pour trouver *est*, etc.

La pratique que j'indique est bien différente, qu'on ne s'y trompe pas, quoiqu'un esprit léger et sans réflexion puisse, au premier coup-d'œil, y trouver de la ressemblance avec la pratique ancienne ; car la méthode commune fait d'abord dire à un enfant, comme je l'ai déjà observé, *é a u*, et par un effort de mémoire qui l'oblige presque à deviner *eau*. La nôtre, au contraire, offre une plus grande simplicité à l'enfant, en lui faisant d'abord articuler ce son *eau*, comme s'il n'y avoit qu'une seule lettre ; et quand il le sait et qu'il est bien dépeint dans son imagination, alors il peut en rendre compte sans peine, de même qu'il le feroit d'un tableau dont l'assemblage des différens objets seroit dépeint dans son imagination. Ainsi, il est aisé de concevoir par ces différentes opérations, que notre méthode finit par où l'autre commence ; ce qui établit évidemment la différence qui règne entre les deux méthodes sur l'usage qu'on y fait du détail des lettres.

J'ai oublié de recommander qu'en faisant rendre raison à un enfant sur le détail des lettres qui entrent dans les sons et syllabes, il ne faut pas pour cela lui changer le nom des lettres, parce qu'il est à propos qu'il conserve leur même dénomination jusqu'à ce qu'il lise parfaitement, tant dans le latin que dans le françois ; après quoi on lui donnera quelques principes d'orthographe, et pour lors il n'y aura plus d'inconvénient à adopter l'ancienne dénomination des lettres A Bé Cé Dé, etc.

LETTRES MAJUSCULES.

A B D F J [I Y] [K Q] L M N O P R S T U V X Z.

Lettres qui ont deux noms.

C. *se nomme* ce *ou* que.

G. *se nomme* ge *ou* gue.

H. *est une lettre muette , à moins qu'elle ne serve à former les sons suivans* PH. CH.

E. *est une voyelle qui a quelquefois le son d'un* é *fermé , et d'autres fois celui d'un* e *muet , comme dans le mot roue* E.

Sons et syllabes mêlés de grandes et de petites lettres.

er . .	Er	en . .	En	en . .	En
on . .	On	om . .	Om	œu . .	OEu
ouil . .	Ouil	ay . .	Ay	œil . .	OEil
in . .	In	oi . .	Oi	ou . .	Ou
eur . .	Eur	ein . .	Ein	euil . .	Euil
im . .	Im	an . .	An	eil . .	Eil

au . . Au	air . . Air	eau . . Eau
our . . Our	elle . . Elle	œur . . OEur
et . . Et	eu . . Eu	une . . Une
oin . . Oin	oui . . Oui	ain . . Ain
aim . . Aim	ail . . Ail	am . . Am
oir . . Oir	il . . Il	un . . Un
es . . Es	enne . Enne	ei . . Ei.

Les mêmes sons et syllabes mêlés.

Premier ordre.

Elle An Ou Ai Et Au Un Ain Ei Enne Ail OEu Ein Ay En In On Air Eu Eil Oin Our Im Euil Une Eau Aim Il Oui Em Oi Om Eur Ouil Er OEil Am Oir OEur Est.

Second ordre.

Om In Oi En Ay Oui Em Ein Il OEu Aim Ail Eau Enne Une Eil Eur On Elle Air Eu An OEil Ou Er Est Ai Oin Et Our Au Ei Un OEur Am Ouil Ain Euil Om Im.

Sons faciles à trouver, en consultant la valeur de chaque lettre en particulier.

Fl Pl Tr Bl Dr St Vr Fr Br Pr Sp Thr Pt Str Ps Spl Sm Sb Spr Sr Squ.

Sons pour lesquels il ne faut pas consulter la valeur de chaque lettre en particulier, si on veut les trouver plus facilement.

Ch Qu Cl Gn Cr Gl (Ct ct) GU Chr Ph Gr Sch Phr Sph Phl Scr Sphr.

Syllabes composées de grandes et petites lettres.

Gui Ci Ga Gur Ceux Gelle Cœur Cul Xions Boit Cal Sept Cour Gesse Gal Ca Celle Gen Gon Gin Cail Ptial Exem Cum Ptien Croit Ces Cette Gen Con Cé Gam Com Cienne Câu Go Soit Goi Gour Les Ger Gel Co Cette Cu Exu Geur Gé

Ge Des Gan Gir Gez Cou Ex Gar Gail Tes Cir Ex Gil Ce Can Cion Xion Cil Cer Tion Cin Gor Exor Gur Mes Cune Gien Ce Exer Gai Gule Gau Gi Gom Ceu Gar Exo Ses Cam Goir Gou Cesse Cor Cim Cur Cez Gul Cet Exi Car Ax Goin Gau Com Gem Gueu.

SONS ET SYLLABES

En lettres majuscules dont la valeur des lettres ne se sent point à l'oreille, ou très-peu.

an	An	ou	OU
in	IN	am	AM
on	ON	om	OM
un	UN	im	IM
en	EN	um	UM
au	AU	em	EM
Ez	EZ	enne	ENNE
eu	EU	e	E
er	ER	ent	ENT

N

oin	OIN	ouil	OUIL
oi	OI	ai	AI
ien	IEN	ei	EI
ag	AG	oit	OIT
eur	EUR	et	ET
ec	EC	est	EST
oy	OY	ay	AY
eil	EIL	ois	OIS
ail	AIL	oient	OIENT
euil	EUIL	ê	Ê

Répétition de ces sons.

Premier ordre.

E AN EZ OIT EU EIL OM EST IN AG OIS ER UM EI AIL IEN AU EM OI AY EN OUIL IM EUR OY UN EC AM OU E AI ENNE OIN ENT ON ET EUIL OIENT.

Second ordre.

EUIL ET OIN AI OU EC OY IM EM OI AU OIL UM OIS IN OM EU EZ

E AN OIT EIL EST AG ER EI IEN EM AY OUIL EUR UN AM E ENNE ENT ON OIENT.

SONS COMPOSÉS DES PRÉCÉDENS,

Dans lesquels il n'y a qu'une lettre à retrancher ou à ajouter à chacun, pour qu'ils soient les mêmes aux yeux, n'étant point différens à l'oreille.

AN	ANE	EL	ELLE
IN	EIN	ES	ESSE
IN	AIN	EUR	OEUR
ON	EON	EIL	EILL
UN	EUN	AIL	AILLE
AU	EAU	OUIL	OUILLE
EU	OEU	EUIL	EUILLE
IEN	YEN	OI	OIR
EIL	OEIL	OU	OUR
IM	AIM	AI	AIR

Sons composés des racines.

Premier ordre.

EIN AILLA OEU EUN ELLE YEN OIR OEIL AIN OUILLE EAN OUR ESSE AIM EILLE EAU AIR EON EUILLE OEUR.

Second ordre.

AILLE EUN YEN OEIL OUIL OUR AIM EAU EON OEUR EIN OEU ELLE OIR AIN EAN ESSE EILLE AIR EUILLE.

Les mêmes sons composés mêlés avec leurs racines.

EIN EUIL EAN ET AILLE OIN OEU AI ESSE OU AIM EC OY IM ELLE EN OI EILLE AU AIL UM YEN OIS IN EUN OUR OM EAU EU EZ É AN AIR OIT EIL ESR AG ER EI OIR IEN OEIL EM AY OUIL AIN EUR UM AM EUILLE E ENNE ON ENT OEUR OIENT EON OUILLE.

DOUBLES CONSONNES

Dont la prononciation ne rend point à l'oreille le son des lettres qui les composent, ou du moins très-peu, et dont il faut cependant faire rendre raison aux enfans de la façon que je l'ai observé, c'est-à-dire, en leur recommandant de se les représenter comme un tableau.

TABLE.

ch	CH	ct	CT
qu	QU	gl	GL
ill	ILL	cr	CR
gr	GR	gn	GN
ph	PH	thr	THR
cl	CL	chr	CHR
gu	GU	phr	PHR

Répétition de ces doubles consonnes.

Premier ordre.

CHR GN GL GU PH ILL CH GN GU ILL THR CR CT CL GR QU PHR CHR GL PH.

Second ordre.

CH PHR ILL QU PH GR CL PHR CH GN GU CT GL CR GN THR CHR QU CL CR.

DOUBLES CONSONNES

Dont la prononciation rend à l'oreille le son des lettres qui les composent, et dont il faut faire rendre compte aux enfans, en les obligeant de consulter leur oreille.

Premier ordre.

PR FL ST FR PT BR PL TR BL VR DR.

Second ordre.

FL FR BR TR VR PR ST DR PT PL BL.

Toutes les consonnes doubles et simples mêlées ensemble.

GU BR QU PHL ST V S GL TR ILL SP GR PHR Z FL SPL L C' VR P PL SCH CT DR J BL CH FR CL FFL PH PR B CHR SPH PT SQU BL X CR SB FFR D SCR STR GN SPR T F R N CTR K PS M THR.

SYLLABES

Formées du gros caractère dont il faut faire rendre compte aux enfans, en leur recommandant de consulter leur oreille, et de se les représenter comme un tableau.

mes	MES	tion	TION
ci	CI	ce	CE
ge	GE	gur	GUR
ca	CA	cœur	COEUR
exem	EXEM	gi	GI
co	CO	ex	EX
sept	SEPT	ction	CTION
cu	CU	ga	GA
go	GO	doit	DOIT

Répétition de ces syllabes.

Premier ordre.

MES GE EXEM SEPT GO CE COEUR EX GA CI CA CO CU TION GUR GI CTION DOIT.

Second ordre.

CI MÈS CA GE CO EXEM CU SEPT TION GO GUR CE GI COEUR EX CTION GA DOIT.

Répétition des mêmes syllabes mêlées avec leurs composés.

MES CI GE CA EXEM CO SEPT CU GO TION CE GUR COEUR GI EX CTION GA DES CAU COU GIN GAU CUN EXER LES GOU CEN GER TES CTION CIN GURE CUNE CON EXAU CES GAN CER CAN SES GEN TION CAM EXHOR GON COM GAM.

AVERTISSEMENT.

La première fois que les enfans liront le conte suivant, on n'exigera point d'eux qu'ils lient leurs mots, mais seulement la seconde fois, parce qu'il se trouvera à la fin de cette pièce de lecture un recueil de phrases susceptibles de liaisons, que l'on fera parcourir aux enfans environ cinquante fois, avant que de leur faire recommencer cette lecture, afin qu'ils contractent promptement une habitude qui ne s'acquiert d'ordinaire qu'avec beaucoup de temps.

On aura soin de faire lire fort exactement aux enfans les phrases en lettres majuscules qui sont placées au bas de chaque page.

LE

LE PRINCE CHÉRI,

CONTE.

Il y avoit du temps des fées un roi qui étoit si honnête homme, que ses sujets l'appeloient le roi bon. Un jour qu'il étoit à la chasse, un petit lapin blanc, que les chiens alloient tuer, se jeta dans ses bras. Le roi caressa ce petit lapin, et dit: Puisqu'il s'est mis sous ma protection, je ne veux pas qu'on lui fasse du mal. Il porta son petit lapin dans son palais, et il lui fit donner une jolie petite maison et de bonnes herbes à manger. La nuit, quand il fut seul dans sa chambre, il vit paroître une belle dame: elle n'avoit point d'habits d'or et d'argent, mais sa robe étoit blanche comme la neige, et au lieu de coiffure, elle avoit une couronne de roses blanches sur la tête. Le bon roi fut bien étonné de voir cette dame; car sa porte étoit fermée, et il ne savoit pas comment elle étoit entrée. Elle lui dit: Je

---

RÉFLEXIONS

Sur l'usage que l'on doit faire de sa langue.

CE N'EST POINT L'ÉPÉE QUI DOMPTE LA COLÈRE DES AUTRES, MAIS LA PAROLE DOUCE ET HUMBLE. QUAND ILS CRIENT, NOUS CRIONS NOUS-MÊMES; NOUS EMPLOYONS LES INJURES, LES MENACES ET LES MOYENS

suis la fée Candide ; je passois dans le bois pendant que vous chassiez, et j'ai voulu savoir si vous étiez bon, comme tout le monde le dit. Pour cela, j'ai pris la figure d'un petit lapin, et je me suis sauvée dans vos bras ; car je sais que ceux qui ont de la pitié pour les bêtes, en ont encore plus pour les hommes ; et si vous m'aviez refusé votre secours, j'aurois cru que vous étiez méchant. Je viens vous remercier du bien que vous m'avez fait, et vous assurer que je serai toujours de vos amies. Vous n'avez qu'à me demander tout ce que vous voudrez, je vous promets de vous l'accorder.

Madame, lui dit le bon roi, puisque vous êtes une fée, vous devez savoir tout ce que je souhaite. Je n'ai qu'un fils, que j'aime beaucoup, et pour cela on l'a nommé le prince Chéri. Si vous avez quelque bonté pour moi, devenez la bonne amie de mon fils. De bon cœur, lui dit la fée, je puis rendre votre fils le plus beau prince du monde, ou le plus riche, ou le plus puissant : choisissez ce que vous voudrez pour lui. Je ne désire rien de tout cela pour mon fils, répondit le bon roi,

---

VIOLENS POUR LES FAIRE TAIRE ; ET NOUS OUBLIONS QU'IL NE FAUT QU'UN MOT DE DOUCEUR ET DE CIVILITÉ.

UNE LANGUE DOUCE, DISCRÈTE ET ÉLOQUENTE EST L'ARBRE DE VIE DANS LA MAISON ET DANS LA COMPAGNIE OU ELLE EST. CHACUN EN TIRE DES

mais je vous serai bien obligé, si vous voulez le rendre le meilleur de tous les princes. Que lui serviroit-il d'être beau, riche, d'avoir tous les royaumes du monde, s'il étoit méchant? Vous savez bien qu'il seroit malheureux, et qu'il n'y a que la vertu qui puisse le rendre content. Vous avez bien raison, lui dit Candide; mais il n'est pas en mon pouvoir de rendre le prince Chéri honnête homme malgré lui: il faut qu'il travaille lui-même à devenir vertueux. Tout ce que je puis vous promettre, c'est de lui donner de bons conseils, de le reprendre de ses fautes, et de le punir, s'il ne veut pas se corriger et se punir lui-même.

Le bon roi fut fort content de cette promesse; il mourut peu de temps après. Le prince Chéri pleura beaucoup son père, car il l'aimoit de tout son cœur, et il auroit donné tous ses royaumes, son or, son argent pour le sauver, si ces choses étoient capables de changer l'ordre du destin. Deux jours après la mort du bon roi, Chéri étant couché, Candide lui apparut. J'ai promis à votre père, lui dit-elle, d'être de vos amies, et pour tenir ma

---

FRUITS DE CONSOLATION, ET DES REMÈDES POUR LES INQUIÈTUDES ET POUR LES AUTRES MALADIES INTÉRIEURES. ELLE GUÉRIT TOUTES LES PLAIES DE NOTRE AME; MAIS LA LANGUE TÉMÉRAIRE EST UNE EPÉE QUI LA BLESSE, ET QUI PAR SES PAROLES

parole ; je viens vous faire un présent. En même temps, elle mit au doigt de Chéri une petite bague d'or, et lui dit : Gardez bien cette bague, elle est plus précieuse que les diamans : toutes les fois que vous ferez une mauvaise action, elle vous piquera le doigt ; mais si, malgré sa piqûre, vous continuez cette mauvaise action, vous perdrez mon amitié, et je deviendrai votre ennemie. En finissant ces paroles, Candide disparut, et laissa Chéri fort étonné. Il fut quelque temps si sage, que la bague ne le piquoit point du tout ; et cela le rendoit si content, qu'on ajouta au nom de Chéri qu'il portoit, celui d'heureux. Quelque temps après, il fut à la chasse, et il ne prit rien, ce qui le mit de mauvaise humeur. Il lui sembla alors que sa bague lui pressoit un peu le doigt ; mais comme elle ne le piquoit pas, il n'y fit pas beaucoup attention. En rentrant dans sa chambre, sa petite chienne Bibi vint à lui en sautant pour le caresser : il lui dit, retire-toi ; je ne suis plus d'humeur de recevoir tes caresses. La pauvre petite chienne, qui ne l'entendoit pas, le tiroit par son habit pour l'obliger à la regarder au moins. Cela impatienta Chéri, qui lui donna un grand

---

INCONSIDÉRÉES LUI PORTE DES COUPS MORTELS JUSQU'AU FOND DU COEUR.

IL Y A CERTAINES GENS, DONT LA SCIENCE EST DE SAVOIR TOUT CE QU'IL Y A DE HONTEUX DANS

coup de pied. Dans le moment la bague le piqua, comme si c'eût été une épingle. Il fut bien étonné, et s'assit tout honteux dans un coin de sa chambre. Il disoit en lui-même : Je crois que la fée se moque de moi ; quel grand mal ai-je fait en donnant un coup de pied à un animal qui m'importune ; à quoi me sert d'être maître d'un grand empire, puisque je n'ai pas la liberté de battre mon chien ?

Je ne me moque pas de vous, dit une voix qui répondit à la pensée de Chéri ; vous avez fait trois fautes, au lieu d'une. Vous avez été de mauvaise humeur, parce que vous n'aimez pas à être contredit, et que vous croyez que les bêtes et les hommes sont faits pour vous obéir. Vous vous êtes mis en colère, ce qui est fort mal : et puis, vous avez été cruel à un pauvre animal qui ne méritoit pas d'être maltraité. Je sais que vous êtes beaucoup au-dessus d'un chien ; mais si c'étoit une chose raisonnable et permise, que les grands pussent maltraiter tout ce qui est au-dessous d'eux, je pourrois, à ce moment, vous battre, vous tuer, puisqu'une fée est plus qu'un homme. L'avantage d'être maître d'un grand empire ne consiste pas à pouvoir faire le

---

LA MAISON ET DANS LA VIE DE CHAQUE PERSONNE, ET DONT LA CONVERSATION ET L'EMPLOI EST D'EN PARLER SANS CESSE, ET DE LE PUBLIER PAR-TOUT :

mal qu'on veut, mais tout le bien qu'on peut. Chéri avoua sa faute, et promit de se corriger ; mais il ne tint pas sa parole. Il avoit été élevé par une sotte nourrice qui l'avoit gâté quand il étoit petit. S'il vouloit avoir une chose, il n'avoit qu'à pleurer, se dépiter, frapper du pied ; cette femme lui donnoit tout ce qu'il demandoit, et cela l'avoit rendu opiniâtre. Elle lui disoit aussi, depuis le matin jusqu'au soir, qu'il seroit roi un jour, et que les rois étoient fort heureux, parce que tous les hommes devoient leur obéir, les respecter, et qu'on ne pouvoit pas les empêcher de faire ce qu'ils vouloient. Chéri devenu grand garçon et raisonnable, avoit bien connu qu'il n'y avoit rien de si vilain que d'être fier, orgueilleux, opiniâtre. Il avoit fait quelques efforts pour se corriger ; mais il avoit pris la mauvaise habitude de tous ces défauts, et une mauvaise habitude est bien difficile à détruire. Ce n'est pas qu'il eût naturellement le cœur méchant. Il pleuroit de dépit quand il avoit fait une faute, et il disoit : Je suis bien malheureux d'avoir à combattre tous les jours contre ma colère et mon orgueil : si on m'avoit corrigé quand j'étois jeune, je

---

GENS HARDIS ET MÉDISANS, INDISCRETS ET IMPUDENS EN RÉPARTIES, INÉPUISABLES EN PAROLES.

C'EST ÊTRE BIEN SAGE QUE D'ÉVITER LA RENCONTRE DE CES GENS-LA.

C'EST L'ÊTRE DAVANTAGE, QUAND VOUS LES RENCON-

n'aurois pas tant de peine aujourd'hui. Sa bague le piquoit bien souvent, quelquefois il s'arrêtoit tout court; d'autres fois il continuoit, et ce qu'il y avoit de singulier, c'est qu'elle ne le piquoit qu'un peu pour une légère faute; mais quand il étoit méchant, le sang sortoit de son doigt. A la fin cela l'impatienta, et voulant être mauvais tout à son aise, il jeta sa bague. Il se crut le plus heureux de tous les hommes, quand il se fut débarrassé de ses piqûres. Il s'abandonna à toutes les sottises qui lui venoient dans l'esprit, en sorte qu'il devint très-méchant, et que personne ne pouvoit plus le souffrir.

Un jour que Chéri étoit à la promenade, il vit une fille qui étoit si belle, qu'il résolut de l'épouser. Elle se nommoit Zélie, et elle étoit aussi sage que belle. Chéri crut que Zélie se croiroit fort heureuse de devenir une grande reine; mais cette fille lui dit avec beaucoup de liberté : Sire, je ne suis qu'une bergère, je n'ai point de fortune; mais, malgré cela, je ne vous épouserai jamais. Est-ce que je vous déplais, lui demanda Chéri un peu ému? Non, mon prince, lui

---

TREZ, DE LES LAISSER DIRE, ET DE N'AVOIR AUCUN DIFFÉREND AVEC EUX. C'EST L'ÊTRE PARFAITEMENT, QUE DE FAIRE EN SORTE QU'ILS CRAIGNENT D'EN AVOIR AVEC VOUS, ET QU'ILS SOIENT CONTRAINTS D'ÊTRE SAGES PAR-TOUT OU VOUS ÊTES.

répondit Zélie. Je vous trouve tel que vous êtes, c'est-à-dire, fort beau : mais que me serviroient votre beauté, vos richesses, les beaux habits, les carrosses magnifiques que vous me donneriez, si les mauvaises actions que je vous verrois faire chaque jour me forçoient à vous mépriser et à vous haïr ? Chéri se mit fort en colère contre Zélie, et commanda à ses officiers de la conduire de force dans son palais. Il fut occupé toute la journée du mépris que cette fille lui avoit montré ; mais comme il l'aimoit, il ne pouvoit se résoudre à la maltraiter. Parmi les favoris de Chéri, il y avoit son frère de lait, auquel il avoit donné toute sa confiance. Cet homme, qui avoit les inclinations aussi basses que sa naissance, flattoit les passions de son maître, et lui donnoit de fort mauvais conseils. Comme il vit Chéri fort triste, il lui demanda le sujet de son chagrin. Ce prince lui ayant répondu, qu'il ne pouvoit souffrir le mépris de Zélie, et qu'il étoit résolu de se corriger de ses défauts, puisqu'il falloit

---

ON MET EN CE MÊME RANG DES INSUPPORTABLES LES GRANDS PARLEURS : CES SORTES D'HOMMES OU DE FEMMES, QUI, DURANT LES ENTRETIENS, ONT TOUJOURS LA BOUCHE OUVERTE, ET DONT LA CONVERSATION, COMME AUTREFOIS CELLE DU PHILOSOPHE ANAXIMÈNES, EST DE RÉPANDRE DANS SES CAMPAGNES

être

être vertueux pour lui plaire; ce méchant homme lui dit: Vous êtes bien bon de vouloir vous gêner pour une petite fille! si j'étois à votre place, ajouta-t-il, je la forcerois bien à m'obéir. Souvenez-vous que vous êtes roi, et qu'il seroit honteux de vous soumettre aux volontés d'une bergère, qui seroit trop heureuse d'être reçue parmi vos esclaves. Faites-la jeûner au pain et à l'eau; mettez-la dans une prison, et si elle continue à ne vouloir pas vous épouser, faites-la mourir dans les tourmens, pour apprendre aux autres à céder à vos volontés. Vous serez déshonoré, si l'on sait qu'une simple fille vous résiste, et tous vos sujets oublieront qu'ils ne sont au monde que pour vous servir. Mais, dit Chéri, ne serai-je pas déshonoré si je fais mourir une innocente? car enfin, Zélie n'est coupable d'aucun crime. On n'est point innocent quand on refuse d'exécuter vos volontés, reprit le confident: mais je suppose que vous commettiez une injustice, il vaut bien mieux qu'on vous en accuse, que d'apprendre qu'il est quelquefois permis de vous manquer de respect et de vous con-

---

UNE RIVIÈRE DE PAROLES, ET UNE GOUTTE DE BON SENS.

SOYEZ MIEUX APPRIS ET PLUS MODESTES: LAISSEZ DIRE; QUAND VOUS AVEZ DIT: DONNEZ LE LOISIR AUX AUTRES DE VOUS RÉPONDRE, ET AYEZ LA FORCE DE

tredire. Le courtisan prenoit Chéri par son foible ; et la crainte de voir diminuer son autorité, fit tant d'impression sur le roi, qu'il étouffa le bon mouvement qui lui avoit donné envie de se corriger. Il résolut d'aller le soir même dans la chambre de la bergère, et de la maltraiter, si elle continuoit à refuser de l'épouser. Le frère de lait de Chéri, qui craignoit encore quelque bon mouvement, rassembla trois jeunes seigneurs aussi méchans que lui, pour faire la débauche avec le roi ; ils soupèrent ensemble, et ils eurent soin d'achever de troubler la raison de ce pauvre prince, en le faisant boire beaucoup. Pendant le souper ils excitèrent sa colère contre Zélie, et lui firent tant de honte de la foiblesse qu'il avoit eue pour elle, qu'il se leva comme un furieux, en jurant qu'il alloit la faire obéir, ou qu'il la feroit vendre le lendemain comme une esclave.

Chéri étant entré dans chambre où étoit cette fille, fut bien surpris de ne la pas trouver, car il avoit la clef dans sa poche. Il étoit d'une colère épouvantable et juroit de se venger sur tous ceux qu'il soupçonneroit d'avoir

---

VOUS TAIRE LORSQU'ILS PARLENT ; MONTREZ-LEUR QUE VOUS POUVEZ ÉCOUTER A VOTRE TOUR, ET NE PERMETTEZ PAS QU'ON PENSE DE VOUS CE QU'ON DISOIT DE CE PHILOSOPHE, QU'AU LIEU DE DEUX OREILLES, LA NATURE LUI AVOIT DONNÉ TROIS LANGUES.

aidé Zélie à s'échapper. Ses confidens l'entendant parler ainsi, résolurent de profiter de sa colère, pour perdre un seigneur qui avoit été gouverneur de Chéri. Cet honnête homme avoit pris quelquefois la liberté d'avertir le roi de ses défauts, car il l'aimoit comme si c'eût été son fils. D'abord Chéri le remercioit; ensuite il s'impatienta d'être contredit, et il pensa que c'étoit par esprit de contradiction que son gouverneur lui trouvoit des défauts, pendant que tout le monde lui donnoit des louanges. Il lui commanda donc de se retirer de la cour; mais, malgré cet ordre, il disoit de temps en temps que c'étoit un honnête homme, qu'il ne l'aimoit plus, mais qu'il l'estimoit malgré lui-même. Les confidens craignoient toujours qu'il ne prît fantaisie au roi de rappeler son gouverneur, et ils crurent avoir trouvé une occasion favorable pour l'éloigner. Ils firent entendre au roi que Suliman (c'étoit le nom de ce digne homme) s'étant vanté de rendre la liberté à Zélie, trois hommes corrompus par des présens dirent qu'ils avoient oui tenir ce discours à Suliman, et ce prince, transporté de colère, com-

---

ON MET ENCORE EN CE RANG DES PERSONNES QU'ON A DE LA PEINE A SUPPORTER, CES AUTRES FOUS QUI NE PEUVENT PARLER, NI MÊME SOUFFRIR QU'ON LEUR PARLE D'AUTRES CHOSES QUE DE LEURS PROPRES LOUANGES: QUI SEMBLENT NE RIEN SAVOIR, SINON

manda à son frère de lait d'envoyer des soldats pour lui amener son gouverneur enchaîné comme un criminel. Après avoir donné ses ordres, Chéri se retira à sa chambre ; mais à peine y fut-il entré, que la terre trembla. Il fit un grand coup de tonnerre, et Candide parut à ses yeux. J'ai promis à votre père, lui dit-elle d'un ton sévère, de vous donner des conseils et de vous punir si vous refusiez de les suivre ; vous les avez méprisés, ces conseils : vous n'avez conservé que la figure d'homme, et vos crimes vous ont changé en un monstre, l'horreur du ciel et de la terre. Il est temps que j'achève de satisfaire à ma promesse, en vous punissant. Je vous condamne à devenir semblable aux bêtes dont vous avez pris les inclinations. Vous vous êtes rendu semblable au lion, par la colère ; au loup, par la gourmandise ; au serpent, en déchirant celui qui avoit été votre second père ; au taureau, par votre brutalité. Portez dans votre nouvelle figure le caractère de tous ces animaux. A peine la fée avoit-elle achevé ces paroles, que Chéri se vit avec horreur tel qu'elle l'avoit souhaité. Il avoit la

---

L'HISTOIRE DE LEUR FORTUNE ET DE LEURS ACTIONS. LE PIS EST QU'ILS VEULENT QUE LES AUTRES NE SACHENT RIEN AUSSI QUE CETTE MÊME HISTOIRE ; ILS LA RACONTENT A TOUT LE MONDE ; ET QU'ILS LA REDISENT SANS CESSE, ILS OUBLIENT TOUJOURS DE L'A-

tête d'un lion, les cornes d'un taureau, les pieds d'un loup, et la queue d'une vipère. En même temps il se trouva dans une grande forêt, sur le bord d'une fontaine, où il vit son horrible figure, et il entendit une voix qui lui dit : Regarde attentivement l'état où tu t'es réduit par tes crimes. Ton ame est devenue mille fois plus affreuse que ton corps. Chéri reconnut la voix de Candide, et dans sa fureur, il se retourna pour s'élancer sur elle et la dévorer, s'il lui eût été possible; mais il ne vit personne, et la même voix lui dit : Je me moque de ta foiblesse et de ta rage ; je vais confondre ton orgueil, en te mettant sous la puissance de tes propres sujets.

Chéri crut qu'en s'éloignant de cette fontaine, il trouveroit du remède à ses maux, puisqu'il n'auroit point devant ses yeux sa laideur et sa difformité ; il s'avancoit donc dans le bois, mais à peine eut-il fait quelques pas, qu'il tomba dans un trou qu'on avoit fait pour prendre les ours ; en même temps des chasseurs qui étoient cachés sur ces arbres, descendirent, et l'ayant enchaîné, le conduisirent dans la ville capitale de son royaume.

VOIR DITE, ET LA RECOMMENCENT A CHAQUE RENCONTRE.

LES PERSONNES QUI SE VANTENT NE VALENT GUÈRE MIEUX EN COMPAGNIE QUE CELLES QUI SENTENT MAU-

Pendant le chemin, au lieu de reconnoître qu'il s'étoit attiré ce châtiment par sa faute, il maudissoit la fée, il mordoit ses chaînes, et s'abandonnoit à la rage. Lorsqu'il approcha de la ville où on le conduisoit, il vit de grandes réjouissances; et les chasseurs ayant demandé ce qui étoit arrivé de nouveau, on leur dit que le prince Chéri qui ne se plaisoit qu'à tourmenter son peuple, avoit été écrasé dans sa chambre par un coup de tonnerre, car on le croyoit ainsi. Les dieux, ajoutoit-on, n'ont pu supporter l'excès de ses méchancetés, ils en ont délivré la terre. Quatre seigneurs, complices de ses crimes, croyoient en profiter et partager son empire entr'eux; mais le peuple qui savoit que c'étoient leurs mauvais conseils qui avoient gâté le roi, les a mis en pièces, et a été offrir la couronne à Suliman, que le méchant Chéri vouloit faire mourir. Ce digne seigneur vient d'être couronné, et nous célébrons ce jour comme celui de la délivrance du royaume; car il est vertueux et va ramener parmi nous la paix et l'abondance. Chéri soupiroit de rage en écoutant ces discours; mais ce fut bien pis lorsqu'il arriva dans la

---

VAIS. C'EST UNE FACHEUSE AVENTURE POUR UN HOMME D'HONNEUR DE SE TROUVER ENTRE LES DEUX ET N'OSER FUIR.

LE PIS NÉANMOINS N'EST PAS DE DEMEURER LA ET D'ÉCOUTER LEURS SOTTISES, CE SEROIT DE PRENDRE

grande place, qui étoit devant son palais. Il vit Suliman sur un trône superbe, et tout le peuple qui lui souhaitoit une longue vie pour réparer tout les maux qu'avoit faits son prédécesseur. Suliman fit signe de la main pour demander silence, et dit au peuple : J'ai accepté la couronne que vous m'avez offerte, mais c'est pour la conserver au prince Chéri : il n'est point mort, comme vous le croyez ; une fée me l'a révélé, et peut-être qu'un jour vous le reverrez vertueux comme il étoit dans ses premières années. Hélas ! continua-t-il, en versant des larmes, les flatteurs l'avoient séduit. Je connoissois son cœur, il étoit fait pour la vertu, et sans les discours empoisonnés de ceux qui l'approchoient, il eût été votre père à tous. Détestez ses vices, mais plaignez-le, et prions tous ensemble les dieux qu'ils nous le rendent : pour moi, je m'estimerois trop heureux d'arroser ce trône de mon sang, si je pouvois l'y voir remonter avec des dispositions propres à le lui faire remplir dignement.

Les paroles de Suliman allèrent jusqu'au cœur de Chéri. Il connut alors combien

---

LEUR MAL EST DE CONTRACTER, A LEUR EXEMPLE, L'HABITUDE DE PARLER DE VOUS ET DE VOUS VANTER VOUS-MÊME. SOUFFREZ-LES, MAIS NE LES IMITEZ PAS ; AYEZ POUR MAXIME QU'IL EST INCOMPARABLEMENT

l'attachement et la fidélité de cet homme avoient été sincères, et il se reprocha ses crimes pour la première fois. A peine eut-il écouté ce bon mouvement, qu'il sentit calmer la rage dont il étoit animé : il réfléchit sur tous les crimes de sa vie, et trouva qu'il n'étoit pas puni aussi rigoureusement qu'il l'avoit mérité. Il cessa donc de se débattre dans sa cage de fer où il étoit enchaîné, et devint doux comme un mouton. On le conduisit dans une grande maison (ménagerie) où l'on gardoit tous les monstres et les bêtes féroces, et on l'attacha avec les autres.

Chéri alors prit la résolution de commencer à réparer ses fautes, en se montrant bien obéissant à l'homme qui le gardoit. Cet homme étoit un brutal, et quoique le monstre fût fort doux, quand il étoit de mauvaise humeur, il le battoit sans raison. Un jour que cet homme s'étoit endormi, un tigre qui avoit rompu sa chaîne, se jeta sur lui pour le dévorer. D'abord Chéri sentit un mouvement de joie de voir qu'il alloit être délivré de son persécuteur ; mais aussitôt

---

MOINS HONTEUX D'ÊTRE BLAMÉ ET MOQUÉ DES AUTRES, QUE DE SE LOUER SOI-MÊME: LES IMPOSTEURS ET LES LIBERTINS ONT SOUVENT BLAMÉ ET

il

il condamna ce mouvement, et souhaita d'être libre. Je rendrois, dit-il, le bien pour le mal, en sauvant la vie de ce malheureux. A peine eut-il formé ce souhait, qu'il vit sa cage de fer ouverte : il s'élança aux côtés de cet homme qui s'étoit réveillé, et qui se défendoit contre le tigre. Le gardien se crut perdu, lorsqu'il vit le monstre ; mais sa crainte fut bientôt changée en joie : ce monstre bienfaisant se jeta sur le tigre, l'étrangla, et se coucha ensuite aux pieds de celui qu'il venoit de sauver. Cet homme, pénétré de reconnoissance, voulut se baisser pour caresser le monstre qui lui avoit rendu un si grand service ; mais il entendit une voix qui disoit : *Une bonne action ne demeure jamais sans récompense*, et en même temps il ne vit plus qu'un joli chien à ses pieds. Chéri, charmé de sa métamorphose, fit mille caresses à son gardien, qui le mit entre ses bras et le porta au roi, auquel il raconta cette merveille. La reine voulut avoir le chien, et Chéri se fût trouvé heureux dans sa nouvelle condition, s'il eût pu oublier qu'il étoit homme et roi. La reine l'accabloit de caresses ; mais

---

ACCUSÉ LES SAGES, JAMAIS AUCUN SAGE NE S'EST LOUÉ.

ON MET ENCORE DANS CE MÊME RANG LES BOUFFONS TÉMÉRAIRES ET ÉTOURDIS QUI NE PEUVENT PARLER SANS RAILLER, NI RAILLER SANS OFFENSER CEUX QUI LES ÉCOUTENT.

dans la peur qu'elle avoit qu'il ne devînt plus grand qu'il n'étoit, elle consulta ses médecins, qui lui dirent qu'il ne falloit le nourrir que de pain, et ne lui en donner qu'une certaine quantité. Le pauvre Chéri mouroit de faim la moitié de la journée ; mais il falloit prendre patience.

Un jour qu'on venoit de lui donner son petit pain pour déjeûner, il lui prit fantaisie d'aller le manger dans le jardin du palais ; il le prit dans sa gueule, et marcha vers un canal qu'il connoissoit et qui étoit un peu éloigné ; mais il ne trouva plus ce canal, et vit à la place une grande maison dont les dehors brilloient d'or et de pierreries. Il y voyoit entrer une grande quantité d'hommes et de femmes magnifiquement habillés ; on chantoit, on dansoit dans cette maison, on y faisoit bonne chère : mais tous ceux qui en sortoient étoient pâles, maigres, couverts de plaies et presque tout nus ; car leurs habits étoient déchirés par lambeaux. Quelques-uns tomboient morts en sortant sans avoir la force de se traîner plus loin : d'autres s'éloignoient avec beaucoup de peine : d'autres restoient

---

IL EST VRAI QUE LES RAILLERIES MODESTES ET HONNÊTES SONT LE SEL NÉCESSAIRE A NOS CONVERSATIONS, QUI SE CORROMPENT AISÉMENT, ET QUI DEVIENNENT INSIPIDES ET ENNUYEUSES, LORSQU'ON N'Y RIT PAS : MAIS TROP DE CE SEL EST BIEN PIS QUE POINT DU TOUT : ET REMARQUEZ QUE

couchés contre terre, mourant de faim : ils demandoient un morceau de pain à ceux qui entroient dans cette maison ; mais ils ne les regardoient pas seulement. Chéri s'approcha d'une jeune fille, qui tâchoit d'arracher des herbes pour les manger. Touché de compassion, le prince dit en lui-même : J'ai bon appétit, mais je ne mourrai pas de faim jusqu'au temps de mon dîner ; si je sacrifiois mon déjeûner à cette pauvre créature, peut-être lui sauverois-je la vie. Il résolut de suivre ce bon mouvement, et mit son pain dans la main de cette fille, qui le porta à sa bouche avec avidité. Elle parut bientôt entièrement remise, et Chéri, ravi de joie de l'avoir secourue si à propos, pensoit à retourner au palais, lorsqu'il entendit de grands cris. C'étoit Zélie entre les mains de quatre hommes, qui l'entraînoient vers cette belle maison, où ils la forcèrent d'entrer. Chéri regretta alors sa figure de monstre qui lui auroit donné les moyens de secourir Zélie ; mais foible chien, il ne put qu'aboyer contre ses ravisseurs, et s'efforça de les suivre. On le chassa à coups de pieds, et il résolut de ne point quitter ce

---

CE TROP N'EST PAS LOIN DU PEU. IL FAUT BIEN DE LA SAGESSE POUR SE TENIR DANS LA MODÉRATION, ET POUR NE POINT PASSER JUSQU'A L'EXCÈS.

ÉCUEIL CHAMPIGNON BECFIGUE C'EST EMBROUILLE-

lieu, pour savoir ce que deviendroit Zélie. Il se reprochoit les malheurs de cette belle fille. Hélas! disoit-il en lui-même, je suis irrité contre ceux qui l'enlèvent, n'ai-je pas commis le même crime? Et si la justice des dieux n'avoit prévenu mon attentat, ne l'aurois-je pas traitée avec autant d'indignité?

Les réflexions de Chéri furent interrompues par un bruit qui se faisoit au-dessus de sa tête. Il vit qu'on ouvroit une fenêtre, et sa joie fut extrême lorsqu'il aperçut Zélie qui jetoit par cette fenêtre un plat plein de viandes si bien apprêtées, qu'elles donnoient appétit à voir. On referma la fenêtre aussitôt; et Chéri, qui n'avoit pas mangé de toute la journée, crut qu'il devoit profiter de l'occasion. Il alloit donc manger de ces viandes, lorsque la jeune fille, à laquelle il avoit donné son pain, jeta un cri; et l'ayant pris dans ses bras, pauvre petit animal, lui dit-elle, ne touche point ces viandes; cette maison est le palais de la volupté; tout ce qui en sort est empoisonné. En même temps Chéri entendit une voix qui disoit : Tu vois qu'une bonne action ne demeure point sans récompense ; et aussitôt il fut changé en un beau petit pigeon blanc. Il se souvint que cette couleur étoit celle de Candide, et commenca à espérer qu'elle pourroit enfin lui rendre ses bonnes grâces. Il voulut d'abord s'approcher de Zélie, et s'étant élevé en l'air, il vola tout autour de la maison, et vit avec joie qu'il y avoit une fenêtre ouverte : mais il eut beau parcourir toute la maison, il n'y trouva point Zélie, et désespéré de sa perte, il résolut de ne point s'arrêter qu'il ne l'eût rencontrée. Il vola pendant plusieurs jours, et étant entré dans un désert, il vit une caverne de laquelle il s'approcha. Quelle fut sa joie ! Zélie y étoit assise à côté d'un vénérable hermite, et prenoit avec lui un frugal repas. Chéri transporté vola sur l'épaule de cette charmante bergère, et exprimoit, par ses caresses, le plaisir qu'il avoit de la voir. Zélie, charmée de la douceur de ce petit animal, le flattoit doucement avec la main ; et quoiqu'elle crût qu'il ne pouvoit l'entendre, elle lui dit qu'elle acceptoit le don qu'il lui faisoit de lui-même, et qu'elle l'aimeroit toujours. Qu'avez-vous fait, Zélie, lui dit l'hermite ? vous venez d'engager votre foi. Oui, charmante bergère, lui dit Chéri, qui reprit à ce moment sa forme naturelle, la fin de ma métamorphose étoit attachée au consentement que vous donneriez à notre union. Vous m'avez promis de m'aimer toujours, confirmez mon bonheur, ou je vais conjurer la fée Candide, ma protectrice, de me rendre la figure sous laquelle j'ai eu le bonheur de vous plaire. Vous n'avez point à craindre son inconstance, lui dit Candide, qui, quittant la forme de l'hermite sous laquelle elle s'étoit cachée, parut à leurs yeux telle qu'elle étoit en effet. Zélie vous aima aussitôt qu'elle vous vit ; mais vos vices la contraignirent à vous cacher le penchant que vous lui aviez inspiré. Le changement de votre cœur lui donne la liberté de se livrer à toute sa tendresse. Vous allez vivre heureux, puisque votre union sera fondée sur la vertu.

Chéri et Zélie s'étoient jetés aux pieds de Candide. Le prince ne pouvoit se lasser de la remercier de ses bontés, et Zélie, enchantée d'apprendre que le prince détestoit ses égaremens, lui confirmoit l'aveu de sa tendresse. Levez-vous, mes enfans, leur dit la fée : je vais vous transporter dans votre palais pour rendre à Chéri une couronne de laquelle ses vices l'avoient rendu indigne. A peine eut-elle cessé de parler, qu'ils se trouvèrent dans la chambre de Suliman, qui, charmé de revoir son cher maître devenu vertueux, lui abandonna le trône, et resta le plus fidelle de ses sujets. Chéri régna long-temps avec Zélie, et on dit qu'il s'appliqua tellement à ses devoirs, que la bague qu'il avoit reprise, ne le piqua pas une seule fois jusqu'au sang.

TABLE,

Par le moyen de laquelle on apprendra aux enfans à lier toutes sortes de mots, sur lesquels on les exercera beaucoup, avant que de les faire passer aux phrases suivantes.

bien utile	*se prononce comme*	bien-n'utile.
mes amis	*S'il y avoit*	mes-z'amis.
elle arrive	. . . .	el-l'arrive.
doit être	. . . .	doit-t'être.
son habit	. . . .	son-n'habit.
deux épées	. . . .	deux-z'épées.
trop entêté	. . . .	tro-p'entêté.
l'un et l'autre	. . . .	l'un-n'et l'autre.
grand homme	. . . .	grand-t'homme.
dix écus	. . . .	dix-z'écus.
très-habile	. . . .	très-z'abile.
on enseigne	. . . .	on-n'enseigne.
aux autres	. . . .	aux-z'autres.
en étourdi	. . . .	en-n'étourdi.

après

après avoir . . . . après-z'avoir.
un insensé. . . . . un n'insensé.
cinq assiettes. . . . . cinq-qu'assiettes.
avec esprit . . . . avec-qu'esprit.
pas étonnant . . . . . . pas-z'étonnant.

PHRASES

Composées de toutes sortes de liaisons de mots.

Des habits enrichis de diamans et de perles.
C'est-à-dire, qu'on n'avoit point averti les autres.
On ne pouvoit y entrer sans en être étonné.
On parle encore de cet adorable temple.
C'est être un grand impie que d'y ajouter foi.
Elle est assez ouverte pour qu'on puisse y entrer.
Des turbans abattus, et des ennemis épouvantés.
On croyoit être dans un autre endroit.
Jusques alors on se le disoit les-uns aux autres.
Tantôt il paroissoit au milieu de ses amis.
Il est à présent quatre ou cinq heures au moins.
On entendit comme un concert dans les airs.
Après avoir enseigné sept heures entières.
Des historiens insipides nous ont dit mal-à-propos.
C'est ainsi que les avares pensent ordinairement.
Son amour ne pouvoit être mieux exprimé.

On a dit ici qu'il avoit arrêté les ennemis.
Quand elle vint à considérer son ambition.
Travaillez avec assez de fruit pour y arriver.
Son naturel angélique étonnoit ses ennemis.
On y voyoit aussi des ouvrages très-utiles.
Son ami mourut bien avant son établissement.
Huit heures sont sonnées, mais il n'en est pas neuf.
Il y en a sept à moi, trois à vous et deux à lui.
Il est trop aimable pour ne pas être de la partie.
Ses yeux sont affreux, car ils lui sortent de la tête.
Peut-on vous en croire après ce qu'ils ont dit ?
L'un ou l'autre se trompe ou ment impunément.
Grande amitié en apparence, et puis c'est tout.
Il n'est pas allé en Italie comme on le disoit.
Quand il diroit autre chose, le croiroit-on ?
Dix écus sont assez pour un aussi petit objet.
Voyez son étonnement, ses yeux en sont égarés.
Peut-être est-il en chemin pour arriver.
Chacun en a pris aux environs de cette armée.
Il est trop estimable et trop humain pour cela.
Son esprit n'a point encore eu son égal.
Huit et quatre font douze en tout pays.
Elle a là une bonne amie dont elle est héritière.
C'est autant à vous qu'à ces deux hommes.
Deux ennemis sont bien plus à craindre qu'un.
Si leurs affaires sont ainsi, il faut en avoir raison.
Avec autant de sagesse qu'un ange en auroit eu.
Peut-être n'est-il pas encore arrivé.
On passoit agréablement les jours et les nuits à cela.

Il n'a rien appris en son bas âge, sinon qu'il

Sait-on s'il vient aujourd'hui de la campagne?

Cet air royal et céleste qui paroissoit en lui.

Plus on y pense et moins on y trouve de remède.

C'est un homme trop aimable pour n'être pas aimé.

Les uns et les autres pensèrent bien autrement.

Ce n'est pas un malheur d'être inconnu.

Je suis avec un homme qui vaut bien autant.

Je me consolois autrefois en lisant avec eux.

Je m'occupe ainsi à les expliquer de temps en temps.

Il n'y a jamais eu un plus grand homme en aucun art.

Il m'en est venu deux ou trois à cinq heures.

Comme il faisoit en des endroits plus éloignés.

On y entend beaucoup de bruit et on n'y voit rien.

C'étoit en effet un plus grand avantage pour eux.

Quelques heures après on y arrivoit en foule.

Plus propres encore à élever son esprit au ciel.

Des grottes et des eaux étoient tout autour de là.

La politique et la morale dont il a rempli son ouvrage.

En travaillant à mon histoire j'y ai observé.

Sans eux peut-être qu'il auroit été plus ami.

Un écrivain des plus estimés disoit autrefois.

Pour bien écrire, il faut savoir bien effacer.

Il ne peut être assez lu, ni assez expliqué.

Il y renferme en un seul mot des vérités infinies.

Il faut auparavant vous dire deux ou trois paroles.

Sa hardiesse, son esprit et ses autres qualités.

Quelle est l'excellence et la force de ses idées!
Il conduit un homme jusqu'à la règle de ses actions.
Les autres ont beaucoup écrit sur ses entretiens.
Salomon, disent-ils, fut un roi que tous aimèrent.
Et que pas un n'aima sans être encore plus aimé.
Dieu, dit-elle, vous a fait roi pour aimer vos sujets.
C'est un enfant spirituel et doué d'une belle ame.
On apprit en le voyant combien il étoit nécessaire.
On se met ordinairement dans un appartement.
Il eut un courage au-dessus des plus héroïques.
Combien il étoit doux et honorable de lui obéir!
Nous avons vu qu'il avoit la main à son épée.
C'étoit assez d'aller vaincre un ennemi.
Il eut alors de grandes et de puissantes armées.
Mais on ne les mit point en campagne.
On attendoit aussi que vous fussiez arrivé.
Les étrangers connurent alors qu'ils étoient.
Bientôt il découvrit aux yeux des hommes.
La dévotion et la sagesse lui ayant ouvert les yeux.
Vous y trouverez ce qu'il y a de mieux au monde.
Les grandeurs imaginaires sont une occasion.
Je puis ajouter que le plus heureux des hommes.
Entre autres il fit deux actions éclatantes.
Ces ouvrages étoient des Indes orientales.
Des extrémités du monde on arrivoit ici.
Son grand esprit y brilloit à son tour.
Un grand exemple servit à calmer les autres.
On dit ici que vous changez en or et en argent.

RÉFLEXIONS PRÉLIMINAIRES

Sur la lecture du latin.

La lecture du latin n'est pas si difficile ni si opposée à celle du françois, qu'on se l'imagine ordinairement. Ce n'est pas néanmoins que j'approuve la méthode de certains maîtres, tels que sont ceux du bureau typographique, qui ont coutume d'enseigner l'une et l'autre tout-à-la-fois en même temps, ou même de faire précéder la lecture du latin à celle du françois. Je juge au contraire cet usage dangereux, et je pense qu'il ne faut faire passer un enfant à la lecture du latin, que lorsqu'on le voit si bien affermi dans la lecture du françois, que rien ne soit capable de l'arrêter. Les préjugés que l'on a sur la difficulté de lire le latin, ne doivent leur naissance qu'à l'ancienne méthode qui emploie presque autant de temps à cette lecture qu'à celle du françois. Cela ne peut être autrement, et je conviens qu'à envisager la chose de ce côté-là, les préjugés sont bien fondés; mais j'ose dire que la méthode que je propose est propre à les dissiper parfaitement, et je me flatte que l'on conviendra que, dès qu'on est instruit de ces principes pour la lecture du françois, on surmonte bientôt les difficultés dont la lecture du latin est accompagnée.

Instruction sur la manière d'enseigner à lire très-promptement le latin.

1.° On dira d'abord en général à l'enfant que la lecture du latin est la même que celle du françois, à cette différence près, que presque toutes les lettres se font sentir dans la prononciation latine; au lieu que, dans la françoise, il arrive très-souvent, comme il a dû le remarquer lui-même, que des lettres sont employées sans rendre cependant à l'oreille leur son naturel, comme dans ces mots *crimes*, *simples*, où la lettre finale *s* ne se fait point entendre, quoiqu'on la prononce dans le latin comme s'il y avoit effectivement *crimaisse*, *simplesse*, etc.

2.° Que les sons *in*, *an*, *on*, *am*, *im*, etc. se prononcent presque toujours comme en françois, lorsqu'ils commencent les mots, quoiqu'à la fin ils se prononcent différemment, c'est-à-dire, en rendant à l'oreille le son de toutes les lettres qui les composent. Exemples, n*on*, v*im*, lun*am*, carn*is*, cœl*os*, dispon*et*, etc.

TABLE DES SONS LATINS,

Parmi lesquels il s'en trouve peu qui ne rendent à l'oreille le son des lettres qui les composent.

Un dé	e œ æ	Un raisin . . .	en ens
Une veste	est	Un. . . .	unc nunc }
Une caisse	es	. . . tunc cunc hunc }	
Une ville	ill	Un cha *ssis*	ti
Une fourchette . . .	et	Une perru *que* . . .	ce
Un homme. . . .	um	Du su *cre*	chr
Une dame .	am em im om	Un ambi *gu* . . .	gu
Une danse .	ans ins ons }	Des fa *gots*	gu
. . . .	ant int ent ont }	Un é *cu*	qu
Une canne .	an en in on	Des abri *cots* . . .	qu
Un mouton .	un uns unt	Une guenon *gueno*. .	gu

Les mêmes sons latins mêlés en deux ordres différens.

Premier ordre.

unt est hunc gu int em un e ant om ti es nunc an qu ons œ gn unt on uns et ch ens un ill tunc ans am qu æ in un chr et im et est gn ent cunc um ins ont.

Second ordre.

gu un on hunc an œ on um am in et ent et ont nunc est em ant es ons ont ens tunc æ chr uns gn ins uns int e ti qu gn cunc ch ill qu et un im um ans.

TABLE DES SYLLABES LATINES,

Dans laquelle chaque terminaison est exprimée plusieurs fois, afin d'affermir promptement les enfans sur la lecture des mots latins, même les plus difficiles.

e

be ſe ge le che cre gne fle pe me tre de cle je ille ſre ne ple dre phe se bre ve te pre gle spe ste stre vre ble re cte xe ze pte.

es

bes ſes ges les ches cres gnes fles pes mes tres des cles illes ſres nes ples dres phes ses bres ves tes pres gles spes stes stres gres vres bles res ctes xes zes ptes jes.

ill

illam illas ille illam illos illud illic illum illius illinc illæ illis illes illuc illorum illarum illæ.

œ

bœ fœ jœ lœ chœ crœ gnœ flœ pœ mœ trœ dœ clœ frœ nœ plœ.

est

best fest gest lest chest crest gnest flest pest mest trest dest clest frest.

qu *ou* co

quo qua quam quas quos quot quod quat qua quant quar quas quot quat quar quum quo quam quunt quos quod quant qua quot quar quum quant quos quam quunt quo quas quam quod quant quos qua quot quar quo quunt quod quar qua quant quam quos quant quot quum quos qua quas quod quant qua quot quar quo quunt quat qua quod quot quam quo quant quar.

qu *ou* cu

qui quem quinque quid quæ quis quent quens quit ques quim quint quet quin quem que quin quens quæ quint quæ ques qui quin quid quent quit quim ques quis quet quin quem que ques qui quem quens quid quis quet quin quem quens quæ quet qui.

ch

cha chi chu chunt chim chor chas chos chans chis che cho chant cham chir chas cher chem chos chans chis chim cher chum chæ chunt.

chr

chre chris chran chras chrunt chri chres chrum chris chros chrons chret chres chrus chrans chret chrens chrunt chro chræ chrent chrum chres chram chron chres chræ chrent chrunt.

æ

dræ præ sæ bræ væ tæ præ glæ spæ stæ græ vræ blæ ræ ctæ xæ.

gu *ou* gû

gue gues guem guim guins gui guæ guent gues guæ guem guens guet guen gue gues guim guæ guent guim gues guem guens guæ.

gu *ou* go

guam guas gunt guant gua guans guo guant gunt guax guat guar guant guas gunt guam guat guax guans guam gua guant guat guos guat guas guant guax guo gunt.

am

guam nam plam dram pham sam bram vam tam pram glam squam chram quam.

S

em

spem stem strem chrem grem quem vrem rem blem ctem zem xem bem fem ptem guem.

im

lim gim chim crim gnim flim chrim pim mim trim quim dim clim frim guim nim squim.

gn

gna gni gnens gnet gne gnu gno gner gnunt gnes gnæ gnam gnor gnent gnim gnans gnem gnant gnos gnunt gnas gnis gnus gnet gnum gnat gnem gnent gnes gnal gnis gnæ gnas gnam gnunt gnæ gnes gnum gnens gnum gnet gnes gnunt gnat.

unc *comme* unque

unc nunc tunc cunc hunc hac hæc cunc hic nunc hoc tunc huc hinc nunc hanc illinc tunc istinc cunc illuc hunc istuc cunc hanc illic hunc illinc hæc tunc hac nunc illac cunc illic hoc tunc istinc hanc nunc.

ci *ou* ti

tia tiæ tiam tiis tiarum tias tium tii tius tio tiens tians ties tiu tiem tiim tie tios ties tient tium tiæ tiunt tians ties tii tient tiam tiint ties tiunt tient tiem ties tium.

om

plom drom phom guom som brom vom tom prom glom squom spom chom stom strom chrom grom quom gnom.

an

vran blan chran ran ctam gnam zam ptan xan ban fan gan lan chan quan cran van guan flan pan squan chan.

en

men tren den chren clen fren guen nen plen dren phen chen sen quen bren ven ten pren glen squen gnen.

in

spin stin grin strin quin vrin blin rin ctin xin guin chrin gnin zin ptin bin fin gin lin.

on

chon cron gnon chron flon pon mon tron don non clon fron guon plon dron phon quon son lon squon.

um

blum rum ctum ptum xum sum brum vum tum prum cum glum squum spum stum grum quum vrum cum strum bum tum guum lum chum crum gnum flum pum mum cum lum chrum gnum cum plum.

un

bun fun gun lun cun crun gnun chun flun pun mun cunc trun dun clun frun guun cunc sun run lun.

ans

nans plans drans phans sans chrans brans vans tans prans glans squans spans stans grans bans gnans strans plans.

ens

quens vrens blens rens chrens ctens xens zens ptens bens fens tens gens lens chens crens gnens plens dens.

ons

flons pons mons trons dons clons frons guons nons plons fons gons drons chons phons sons brons vons tons.

et

net tet gret chet gnet det quet met plet net stet get guet quet get set blet cet cret.

ant

prant glant squant spant grant quant gnant stant vrant strant blant cant guant vant chrant ctant rant xant ptant zant gant bant.

ent

bent fent gent lent chent crent gnent flent pent guent ment trent dent clent chrent frent guent nent stent phent bent lent flent crent dent.

int

plint drint phint sint chrint brint vint tint pint glint squint guint spint grint stint quint vrint guint plint.

unt

blunt runt chrunt ctunt xunt zunt ptunt bunt funt guunt lunt chunt crunt gnunt flunt punt munt trunt dunt clunt frunt guunt nunt plunt drunt phunt crunt sunt brunt vunt tunt prunt glunt squunt spunt stunt quunt runt ctunt funt guunt sunt drunt.

PIÈCE DE LECTURE LATINE,

Dans laquelle toutes les terminaisons des mots latins sont répétés par différens mots.

Vide charitatibus villam satiatur qui familiæ christianis est columnam veniet prudentiæ quo et timebunt cœlestibus hâc christianus reverentiam nunc languidus dicens experientiis noctem sedes legerint ineptias in chorus exundantem confluentium fulgent vim potiùs probationum amant omnes hæc non mutaverunt negotiantem cùm mutans magnus lumen nunc an linguam reverentiam.

Germinare excharistia humillimas absentia notæ quem et christe columbam amet adolescentiæ legunt hic cœlestium qua christum insolentiam tunc languens violentiis docem septem comes docuerint impatientias mons fœcunditate chori viventium legent audiverim diutiùs credant communis hoc delineationis nonne adeuntium negotiantium putans magnum semen tunc annus linguas erunt absentia.

Generatio machinabatur illæ sentiamur quin præsentium christianos est hùc facundiam licet magnificentiæ audiunt cœcarum quam antichristum malitiam hunc languet legens et opulentiis languentem dies sint delicias fons loquuntur choro præsentium mulcent docuerim citiùs hac ignorant expectatio omnia nonnullus morbum negotiantibus amans magnoperè nomen fuerunt hunc annales linguarum.

Eatur charitarius ancillas ingentia alioquin sententiæ christus et misericordiam leget justitiæ possunt cœnobia quas sunt chronologum nequitiam cunctandus languefecit rigens hominem et munificentiarum Anchises fuerint licentias in hæc voluntas et chorum vitii celebrent legerint sanctius existimant commune nonnunquam explorationem summum negotianti exaltant magnificum crimen cunctandus anne linguans scierunt.

Procedit chelidoniæ illa vitiaque politicæ christianum est quoniam deprimeret tristitiæ induxerunt cœlicolis quot christinam cunctantes sanguis scientiam avaritiarum potens nationes feles possint reverentias sons obsequuntur choræ solatii respondent sitim amputarunt præstantius doceant commune patientiam non nusquam et lumbum hic negotiatio flamen magnificat conantem nunc annexus linguantis.

Fidei chiromantiis facillimum præstantia que ezechiæ taceret christianissimum et burgundiam elegantiæ deducunt quod cœliferarum crombum pœnitentiam cunctatio sanguinis cupiens invidiarum æmulationem miles consignaverint conscientias pons hoc nunquam choris silentii possent est securim potentius parant omnium mercerunt patientes nonnulli clamans plumbum negotiantium dedignatur cognomen cunctantis et annona linguantem.

Acceperant chorda millibus pugnantia aliquem elisæum chrema est tædam digeret gratiæ violarunt cœnaculis aliquot christianissimum sapientiam tunc sanguinum et videns abundantiarum fundatorum doces audiverint nuptias in eumdem chorda pretii superent diligerim propitius hùc cum laborant omne patientem non quoties lacrymans expugnabunt carnem tunc annotat linguantes fleverunt.

Itaque chromatis illud luctantia qui ignorantia chrisma et etiam ambularet impudentiæ pereunt aliquod chronicam sententiam cunctatus languescens hâc ridens indulgentiarum generationem leges consonuerint imperantium mons eumdem cordam exitii dissimulent objecerim sapientius omnipotens notans patiendi non etiam hæc meum toties magnificentia fœdarunt est rigans agmens cunctatio annua linguantibus.

Quotidiè chorus illam patientia quisque tractandæ chrismatis est pristinam imprimeret malitiæ responderunt cœnationibus quondam chriæ solertiis cunctantur languidè cadens opulentiarum cumdem dulces laboraverint laudatium fons et stabiliuntur charus flagitii relinquent exploraverim cùm latius exarant est omnipotentis patiens non idem possunt nostrum quoties flagrans pugnavit certamen hunc annulus lingua.

Etiam calcedoniarum tigillum constantia quemque scholæ chrismatæ et prædam incumberet solertiæ præcellunt christe fœdifragus quousque stultitiis cunctatione langulas hic metuens blanditias sanitatem locupletes fundarint est gentium in facundos charitas latii abstergerent trucidaverim oratio cum dissimulant omnipotenti patientium non ultra sudaverunt tuum durities ambulans regnare flumen cunctatus annum strictè linguarium incumberet.

Deditas calcanti illum pœnitentia antiquitatis et emulatur chrisma nunquam sumerent stultitiæ expectabunt mœstitia quotuplex est chrismatum lætitiis nunc languefactus sapiens clementias veritatem cineres audierint pudentium frons secundùm charitates negotii emollirent possim hoc æmulationes exaltant omnipotentium

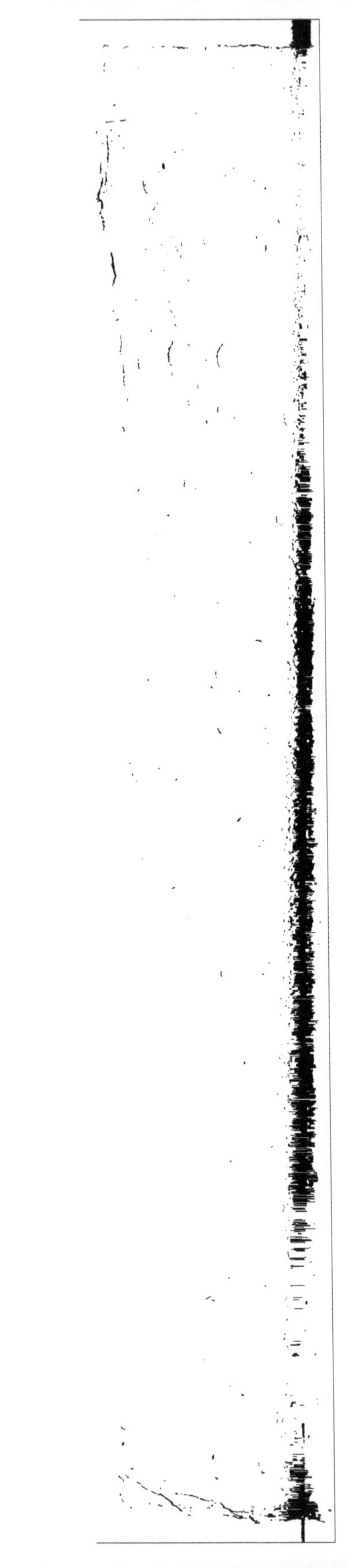

potentium patienti et exaltaverunt non alter vestrum toties explorans regnis ligamen nunc anne linguace.

Alieno chrismatis pupillos peritia inquinare athenæ et christum namque huc condiret scientiæ defecerunt mœnium quotiescumque chrisostomo innocentiis hanc est gustu ducens sentias matrem habes venerint nocentium sons undique charitatibus otiis exalarent fuerim emptione trucidant omnis nonibi patientis suum postularunt quoties sollicitans dignum limen cumulantur annos linguas.

Necessitates chamæleon illuc impudentia inquietus cœteris est chronologia summam cubaret prudentiæ dixerunt prœnalis quotidie christicolos vigilentiis tunc et langues molliens quem eloquentias familiares legerint rebelantium in unde charitates spatii fuissent potuerim nationum hâc legerant omnipotentibus negotians tulerunt nonnihil tantum durities lustrans indignos gramen tunc annotantes linguaces.

Reipublicæ charitas capillis pueritia requiem et ædes christe feram subjiceret innocentiæ fluunt pœnitens aliquam chromis arrogantiis nunc singulæ hæc blandens potentias precem virgines sint ingentium frons euntes palatii essent est crederim cognationibus duxerant toties levans est pugna amen hunc armatis linguas.

TABLE

DES ABRÉVIATIONS

Usitées tant dans le latin que dans le françois, sur-tout dans la gazette, rangées selon l'ordre alphabétique.

J. C. Jesus-Christ.
L. M. Leurs Majestés, en parlant du roi et de la reine.
L. H. P. Leurs Hautes-Puissances, en parlant de la Hollande, que l'on appelle encore les Etats-Généraux.
Mgr. Monseigneur.
Mr. Monsieur.
Me. Maître.
Mre. Messire.
Mme. Madame.
Mlle. Mademoiselle.
N. D. Notre Dame, c'est-à-dire, la sainte Vierge.
N. S. J. C. Notre Seigneur Jesus-Christ.
Le P. R. Le Prince Royal. C'est ainsi qu'on appelle le fils aîné du roi de Pologne et du roi de Prusse.
La R. P. R. La religion prétendue réformée.
S. A. Son Altesse. Qualité qu'on donne aux princes et princesses.
S. A. E. Son Altesse Electorale. Titre qu'on donne aux princes électeurs de l'Empire.
S. A. R. Son Altesse Royale. Titre qu'on donne aux électeurs qui sont rois, quand on ne les considère que comme électeurs, et aux princes et princesses du sang.
S. A. S. Son Altesse Sérénissime.
S. Em. Son Eminence. Qualité d'un cardinal.
S. Ex. Son Excellence. Titre qu'on donne aux ambassadeurs et maréchaux de France.
S. G. Sa Grandeur. Titre d'un évêque et d'un archev.

S. H. Sa Hautesse, l'empereur des Turcs.
S. M. S. Majesté, ou le roi.
S. M. Brit. Sa Majesté Britannique, le roi d'Angleterre.
S. M. C. Sa Majesté Catholique, le roi d'Espagne.
S. M. T. C. Sa Majesté Très-Chrétienne, le roi de France.
S. M. Dan. Sa Majesté Danoise, le roi de Danemarck.
S. M. Imp. Sa Majesté Impériale, l'empereur.
S. M. Nap. Sa Majesté Napolitaine, le roi de Naples.
S. M. Pol. Sa Majesté Polonoise, le roi de Pologne.
S. M. Port. Sa Majesté Portugaise, le roi de Portugal.
S. M. Suéd. Sa Majesté Suédoise, le roi de Suède.
S. S. Sa Sainteté, ou le Pape.
Ant. Antienne.
Ibid. Ibidem, ou le même.
P. Pseaume.
℣. Verset.
℟. Répons.

Abréviations latines.

Ant. Antiphona.
D. O. M. Deo optimo maximo.
Ibid. Ibidem.
Na. Nota.
N. B. Nota Bene.
P. C. Patres conscripti.
P. S. Post scriptum.
Ps. Psalmus.
R. P. Respublica.
S. P. Q. R. Senatus populusqus romanus.
V. G. Verbi Gratiâ.
℣. Versus.
etc. Et cætera.

Autre table pour apprendre à connoître les chiffres.

	Arabes et Romains.	
Un.	1	I.
Deux.	2	II.
Trois.	3	III.
Quatre.	4	IV.
Cinq.	5	V.
Six.	6	VI.
Sept.	7	VII.
Huit.	8	VIII.
Neuf.	9	IX.
Dix.	10	X.
Onze.	11	XI.
Douze.	12	XII.
Treize.	13	XIII.
Quatorze.	14	XIV.
Quinze.	15	XV.
Seize.	16	XVI.
Dix-sept.	17	XVII.
Dix-huit.	18	XVIII.
Dix-neuf.	19	XIX.
Vingt.	20	XX.
Vingt-un.	21	XXI.
Vingt-deux.	22	XXII.
Vingt-trois.	23	XXIII.
Vintg-quatre.	24	XXIV.
Vingt-cinq.	25	XXV.
Vingt-six.	26	XXVI.
Vingt-sept.	27	XXVII.
Vingt-huit.	28	XXVIII.
Vingt-neuf.	29	XXIX.
Trente.	30	XXX.
Trente-un.	31	XXXI.
Trente-deux.	32	XXXII.
Trente-trois.	33	XXXIII.
Trente-quatre.	34	XXXIV.
Trente-cinq.	35	XXXV.

Trente-six.	36	XXXVI.
Trente-sept.	37	XXXVII.
Trente-huit.	38	XXXVIII.
Trente-neuf.	39	XXXIX.
Quarante.	40	XXXX ou XL.
Quarante-un.	41	XLI.
Quarante-deux.	42	XLII.
Quarante-trois.	43	XLIII.
Quarante-quatre.	44	XLIV.
Quarante-cinq.	45	XLV.
Qurante-six.	46	XLVI.
Quarante-sept.	47	XLVII.
Quarante-huit.	48	XLVIII.
Quarante-neuf.	49	XLIX.
Cinquante.	50	L.
Cinquante-un.	51	LI.
Cinquante-deux.	52	LII.
Cinquante-trois.	53	LIII.
Cinquante-quatre.	54	LIV.
Cinquante-cinq.	55	LV.
Cinquante-six.	56	LVI.
Cinquante-sept.	57	LVII.
Cinquante-huit.	58	LVIII.
Cinquante-neuf.	59	LIX.
Soixante.	60	LX.
Soixante-un.	61	LXI.
Soixante-deux.	62	LXII.
Soixante-trois.	63	LXIII.
Soixante-quatre.	64	LXIV.
Soixante-cinq.	65	LXV.
Soixante-six.	66	LXVI.
Soixante-sept.	67	LXVII.
Soixante-huit.	68	LXVIII.
Soixante-neuf.	69	LXIX.
Soixante-dix.	70	LXX.
Soixante-onze.	71	LXXI.
Soixante-douze.	72	LXXII.
Soixante-treize.	73	LXXIII.
Soixante-quatorze.	74	LXXIV.

	Arabes	*et Romains.*
Soixante-quinze.	75	LXXV.
Soixante-seize.	76	LXXVI.
Soixante-dix-sept.	77	LXXVII.
Soixante-dix-huit.	78	LXXVIII.
Soixante-dix-neuf.	79	LXXIX.
Quatre-vingt.	80	LXXX.
Quatre-vingt-un.	81	LXXXI.
Quatre-vingt-deux.	82	LXXXII.
Quatre-vingt-trois.	83	LXXXIII.
Quatre-vingt-quatre.	84	LXXXIV.
Quatre-vingt-cinq.	85	LXXXV.
Quatre-vingt-six.	86	LXXXVI.
Quatre-vingt-sept.	87	LXXXVII.
Quatre-vingt-huit.	88	LXXXVIII.
Quatre-vingt-neuf.	89	LXXXIX.
Quatre-vingt-dix.	90	XC.
Quatre-vingt-onze.	91	XCI.
Quatre-vingt-douze.	92	XCII.
Quatre-vingt-treize.	93	XCIII.
Quatre-vingt-quatorze.	94	XCIV.
Quatre-vingt-quinze.	95	XCV.
Quatre-vingt-seize.	96	XCVI.
Quatre-vingt-dix-sept.	97	XCVII.
Quatre-vingt-dix-huit.	98	XCVIII.
Quatre-vingt-dix-neuf.	99	XCIX.
Cent.	100	C.
Deux cents.	200	CC.
Trois cents.	300	CCC.
Quatre cents.	400	CCCC.
Cinq cents.	500	D.
Six cents.	600	DC.
Sept cents.	700	DCC.
Huit cents.	800	DCCC.
Neuf cents.	900	DCCCC.
Mille.	1000	M.
etc.	etc.	etc.

CERTIFICAT *de M. le maréchal de Coigny, qui se trouve à la suite de la lettre à Mlle de Brissac.*

J'ATTESTE et certifie qu'ayant mis mon fils, avant l'âge de quatre ans accomplis, à la méthode de M. Berthaud, j'ai eu la satisfaction de le voir commencer à lire au bout d'un mois, et quinze jours après être en état de lire fort joliment dans différens livres, sans que pendant ce temps-là il ait eu le moindre dégoût et le moindre ennui. A Paris, ce 16 novembre 1745.

Signé, NEVET DE COIGNY.

Et plus bas, LA MARÉCHALE DE COIGNY.

N. B. Après avoir rapporté ce certificat, l'auteur donne de la manière qui suit les noms et la demeure de quelques enfans, qu'il range selon la date du temps où on lui a demandé des maîtres pour eux.

NOMS ET DEMEURES

De quelques enfans qui ont appris à lire par cette méthode, dont plusieurs ont lu à l'ouverture de toutes sortes de livres, en moins de six semaines.

M. le comte de Nevet, fils de M. le comte de Coigny, à l'hôtel Mazarin.

M. de Brilhac, fils de M. le comte de Brilhac, à l'entrée de la rue d'Enfer.

M. de Beukley, fils de M. de Beukley, lieutenant-général, rue du Cherche-Midi.

Mlle de Baye, fille de M. de Baye de Pléneuf, derrière les Mousquetaires.

Mlle de Beaupréau, fille de M. le marquis de Scépeaux de Beaupréau, brigadier des armées du roi, rue St-Louis, au Marais.

M. Hocquart, fils de M. Hocquart, trésorier de l'artillerie, rue du Gros-Chenet.

Mlles de Lowendal, filles de M. le maréchal de Lowendal, rue Saint-Maur, près des Incurables.

Mlle de Marville, fille de M. Fedeau de Marville, premier président du grand conseil.

M. l'Avocat, fils de M. l'Avocat, maître des comptes, rue de Seine.

Mlle de la Courteaugé, fille de M. de la Courteaugé, receveur-général des finances, place des Victoires.

Mlle de Rohan, fille de M. le duc de Rohan, sur le quai des Théatins.

M. de Fitz-James, fils de M. le duc de Fitz-James, à l'hôtel de Barwick, près les Incurables.

Mlle de Clermont-Tonnerre, fille de M. le comte de Clermont-Tonnerre, au couvent.

M. le comte d'Alègre, fils de M. le marquis d'Alègre, rue des Saints-Pères.

Fréderic-Guillaume, fils du prince royal de Prusse.

habitable. La pratique & les travaux du
pe universel de la science sont donc une
de bonheur & une cause de paix parmi les
es.

UT DE L'HOMME POUR LES FAUSSES CONNOISSANCES.

T que, par une suite du desir de connoître, se dégoûte des objets qui l'occupent sans er ; soit que l'impression continuelle des objets sur les sens trouble son organisa- la dérange, il est certain que les sensa- es plus agréables cessent de l'être, lors- s sont continuelles, & qu'il n'en résulte connoissance durable qui assure le bonheur : homme fait effort non-seulement pour se dé- 'une sensation devenue désagréable, mais pour varier toutes ses sensations.

omme heureux & tranquille par l'acquis des es que la science lui a données, trouve dans vaux de cette même science toutes les va- qu'il desire, pour rendre agréables toutes ations qu'il éprouve. Sans le motif puissant enter & de perfectionner ses connoissan- travail & la contrainte déplaisent à l'homme que l'uniformité. L'esprit aime à voir ou ce qui est la même chose pour lui ; mais agir & voir sans peine : & ce qui est à uer, tant qu'on le tient dans les bornes qu'il peut faire sans effort, plus on lui d'action, plus on lui procure de plaisir ;

V
aux
dan
par
voir
pren
méta
L
n'on
n'ex
pides
qui ont
fonctio
plaisirs
des hon
sel ; par
des incl
sonnabl

D E

LA
de l'hor
d'abord
vice co
mauvais
confonc
successi
s'en rel
faveur.
loppem
tere, a

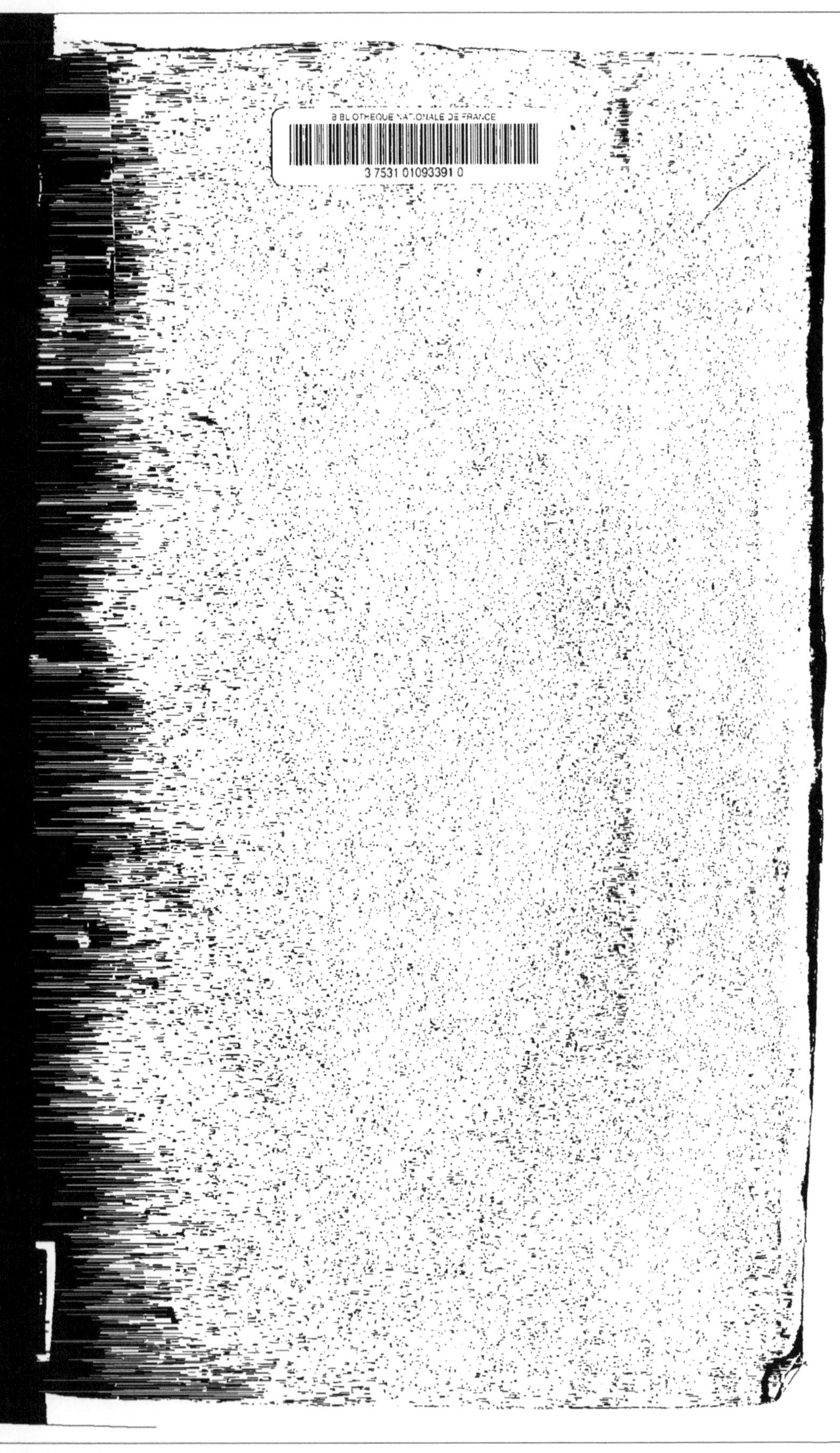

www.ingramcontent.com/pod-product-compliance
Ingram Content Group UK Ltd.
Pitfield, Milton Keynes, MK11 3LW, UK
UKHW020149220726
13923UKWH00001B/436